New 新視野66
window

好福氣不如好習慣

方　軍◎著

高寶書版集團

新視野　NW066

好福氣不如好習慣（原書名：別讓習慣害死你）

作　　者：方　軍
總 編 輯：林秀禎
編　　輯：蘇芳毓
出 版 者：英屬維京群島商高寶國際有限公司台灣分公司
Global Group Holdings, Ltd.
聯絡地址：台北市內湖區洲子街88號3樓
網　　址：gobooks.com.tw
電　　話：(02) 2799-2788
電　　傳：出版部 (02) 2799-0909　行銷部 (02) 2799-3088
郵政劃撥：19394552
戶　　名：英屬維京群島商高寶國際有限公司台灣分公司
初版日期：2006年11月
二版日期：2008年5月
發　　行：希代多媒體書版股份有限公司 / Printed in Taiwan

國家圖書館出版品預行編目資料

好福氣不如好習慣/方軍 著－－ 初版.
－－ 臺北市：高寶國際，　2008.5
面；　公分. —（新視野；NW066）

ISBN　978-986-185-184-6(平裝)
1.修身　2.生活指導

192.1　　　　　97008168

Do not let bad habit destroy you 2

CONTENTS

CONTENTS

CONTENTS

第一輯

說話好習慣

正確的說話方式讓你遠離是非

不把說話當一回事，易惹是非，
對生活及事業造成重大危害，
是成功的絆腳石。

1 閒談莫論人非

長舌的人走到哪都容易挑起是非，損人不利己。切勿逞一時口快而造成無法挽回的嚴重後果。

小林什麼都好，就是愛說人閒話，說小張怕老婆、老李愛到夜店泡妞、杜小菲不孝順婆婆、張大明又去賭博了……，也不知他從哪搜集那麼多五花八門的消息，反正他一天到晚在人背後說閒話。

有一天，他在辦公室裡說小張怕老婆的事，剛好被小張聽到，一進門就賞給小林兩拳。小林雖然吃了虧，但惡習不改，仍舊長舌。不過大家對小林卻越來越冷淡，每個人都在想：「今天你當著我的面說小張，說不定哪天你會在別人的面前道我的是非。」從此，小林在公司的人緣一落千丈。

長舌的人到哪裡都不受歡迎，小林在背後說人家的壞話，道人是非，他可能圖的是一時的快意，但這個習慣卻壞了他的形象。俗話說：隔牆有耳。千萬不要養成背後說人是非的習慣，否則你不僅會令被說者討厭，同時也會令聽者討厭。

有這樣一個多嘴女人的故事：

多嘴本是女人的天性，但故事中的女主角卻太過火了，以至於連平常愛饒舌的三姑六婆都無法忍受，一起到村長那裡去控訴她的行為。

村長仔細傾聽每個女人的控訴後，便要她們先回去，然後差人去找那個多嘴的女人來。「妳為什麼要無中生有？對鄰居太太們評頭論足？」

多嘴的女人笑說：「我並沒有杜撰故事啊！也許有一點誇張啦，我只是把事實稍微修飾一下，使它更有聲有色而已……。但或許我真的太多嘴了，連我丈夫都這麼說呢！」

「妳也承認妳的話太多了……好吧！讓我來想一想，有沒有好方法可以讓妳戒掉多嘴的習慣？」

村長想了一會兒後走出房間，回來時手裡拿著一個大袋子，對多嘴女人說：

「妳拿著這個袋子，到廣場後打開袋子，一邊把袋子裡的東西擺在路邊，一邊走回家；回到家後，回頭沿路把東西收齊，再來找我。」

多嘴女人接過袋子，覺得很輕，很想知道裡面裝的是什麼東西。於是加快腳步走到廣場。一到廣場，她迫不及待地打開一看，裡面裝的竟然是一大堆羽毛。

那是一個萬里無雲、微風輕吹的晴朗秋日。女人照著村長的吩咐，一面走，一面把羽毛擺在路邊，當她走進家門時，袋子剛好空了。然後她又提著袋子，一路撿回廣場。可是涼爽的秋風早吹散了羽毛，以致所剩寥寥無幾。多嘴女人撿完後，去向村長報告，一切都照村長的吩咐去做了，但她卻只能收回幾根羽毛。

「我想也是。」村長說，「所有的馬路新聞，都像袋子裡的羽毛一樣，一旦從嘴裡溜出去，就無法收回。」

於是，村長的機智矯正了多嘴女人的壞習慣。

長舌遠比三隻手更令人頭痛，假話傳久了就會變成惡言，足以隔離親近的朋友。

同時村長還告誡人們：「遇到鬼的時候，你一定會拔腿就跑；同樣的，遇到馬路消息時，你也要快速逃開。」

當所有人都不再在背後道人長短時，一切糾紛的火焰就會熄滅。因此，人們都討厭長舌婦，對謠言更是深惡痛絕。

生活中，也有不少人因為長舌的習慣吃虧。

甲乙丙三人本來是不錯的朋友，但其中甲乙突然因為一個女人而鬧得很不愉快，雖然平時見面都裝出一副無所謂的樣子，可一旦分開，就都去找丙拚命說對方的壞話。如果丙對這些話只是左耳進右耳出也就算了，偏偏他是個長舌的人，在甲面前把乙說的壞話告訴甲，又跑到乙面前如法炮製，還又另外找一群人，把甲和乙的矛盾加油添醋議論一番，一時間滿城風雨，好不熱鬧。

一段時間後，甲、乙兩人都冷靜下來，慢慢恢復友誼，這才發現在這件事情中，丙扮演了一個怎樣不光彩的角色，於是三人大吵一架，最後丙同時失去了甲乙兩個朋友，還被人說成是挑撥離間的小人，這一切都是因為他的長舌惹的禍。

雖然一般人或多或少會在人背後說是非，但千萬不要讓它變成習慣。

如果別人有什麼缺點，你可以尋找適當的機會直接向他說，或者容忍它，視而不見，背後議論別人絕不可取。

2 當心吹破牛皮

吹牛者令人鄙視、厭惡，吹牛的習慣既浪費口水又浪費生命。如果你有吹牛浮誇的習慣，盡快把它戒掉，生命有限，你應該抓緊時間去做點實際的事。

張某特別喜歡吹牛。有一次，他去一個老同學家裡做客，老同學正為孩子跨學區上學的事發愁，張某的老毛病又犯了，吹起牛來：「哎喲，我還以為是什麼大事呢！我姑丈是××附小的教務主任，我只要跟他說一聲就行了。」老同學一聽，愁眉頓展，擺上一桌好菜請張某幫忙，張某滿口答應，但過了一星期沒消沒息，眼看就要開學，老同學急了，直接上門找張某。

張某吞吞吐吐地說：「急、急什麼！我這不正在找人嗎？」

老同學奇怪地問：「不是跟你姑丈說一聲就行了嗎？」

結果張某的回答差點讓他吐血：「其實是我同事的哥兒們的女朋友的姑丈，那哥兒們跟我同事是死黨，他女朋友的姑丈不就是我姑丈？」

不消說，老同學自然不敢指望張某，孩子跨學區上學的事沒辦成，之後再也不和張某連絡了。

張某吹牛的荒唐事還不只這一件。有一次他到岳父家拜年，當著岳父家親戚的面又吹牛了，說自己認識多少名人、自己多有錢……，結果第二年，妻子的外甥、侄子、表弟、姑姑、阿姨……一大堆人都來找他，有的請他介紹工作，有的找他借錢，可他哪有能力呀，嚇得東躲西藏，得罪了許多親戚，妻子也差點和他離婚。

現在人人都知道張某愛吹牛，說話不牢靠，沒人看得起他，也不信任他，這就是他為吹牛皮所付出的代價。

習慣吹牛的人往往沒有控制力，欲望不斷膨脹，直到吹破牛皮的那一刻，才會有一丁點的悔悟。

習慣於吹牛的人也有目標，只是這些目標不是空中樓閣就是海市蜃樓，這倒並不意味著目標不能實現，只是什麼都不做，無法創造任何生產力，因而鑄成很多遺憾。

本來李小三和趙小六是從小一起長大的夥伴，後來趙小六成為董事長，李小三則激動地對別人說，董事長小時候跟他一起玩泥巴呢。儘管他沒說錯什麼，但如果把他們放在同一平臺上，李小三應該考慮自己為什麼沒有人家強。

當趙小六在埋頭苦幹時，李小三只出一張嘴；趙小六在拚命苦讀時，李小三還是只說不做；當趙小六成為董事長時，李小三才開始感慨。在趙小六面前，李小三毫不臉紅，並尋找下一輪的聽眾，享受讓更多的井底之蛙羨慕的滋味。

目光短淺的人把具有遠大理想的人看成是愚人。可「愚人」們不在乎，他們拒絕惡意中傷，繼續走自己的路，因為真的去做，勝利至少可能提前十年來到。

吹牛的習慣就像一個望遠鏡，當你捧著它站在地平線上，幻想峰頂的美景時，人家已經腳踏實地的一步一步攀上高峰。

3 別把精力放在爭論上

事事和人爭辯，會讓你處處受阻，浪費精力在和人爭論上，只會給你增加辦事的難度。記住，說服別人的祕訣不是對他說「不」，而是對他說「是」。

有位愛爾蘭人名叫歐哈里，所受的教育不高，可是很愛抬槓。他當過汽車推銷員，後來因為老是不成功而來求助於卡內基。聽了幾個簡單的問題以後，卡內基就發現他老是跟顧客爭辯。如果對方挑剔他的車，他立刻漲紅臉大聲強辯。歐哈里承認，他總是在口頭上贏得辯論，卻沒能贏得顧客，達成交易。

歐哈里後來卻成為紐約一家汽車公司的明星推銷員。他是怎麼成功的？

他說：「我現在走進顧客的辦公室，當對方說：『什麼？懷德卡車？你送我我都不要，我要的是何賽的卡車。』我會說：『老兄，何賽的確不錯，買他們的卡車絕對錯不了。何賽的車是優良產品。』這樣客戶就沒法和我抬槓，他總不能在我同意他的看法後，還說一上午的『何賽車子如何如何』之類的話吧。接著我們不談何賽，我會開始介紹懷德汽車的優點。

「我以前若是聽到這種話，早就氣得臉一陣紅、一陣白，我越說何賽卡車哪裡不好，對方就越說它好。爭辯得越激烈，對方就越喜歡我競爭對手的產品。

「現在回想起來，真不知道過去是怎麼做推銷的！以前我花了不少時間在爭論上，現在我守口如瓶，果然有效。」

當歐哈里拚命和人爭辯時，他或許獲得表面上的勝利，但實際上他卻是把顧客越推越遠。富蘭克林曾說過：「如果你老是抬槓、反駁，也許你能獲勝，但那只是空洞的勝利，因為你永遠得不到對方的好感。」所以，一定要拋棄和人抬槓的惡習，盡量避免無謂的爭論，因為這只會徒增爭論者的煩惱而已。

某公司有個難纏的客戶，就愛雞蛋裡挑骨頭，負責聯繫他的業務員，簡直煩透了，兩人為了一個細節問題通了十七次電話，每次都吵得不可開交。客戶還揚言，以後不想再用他們公司的產品了。於是業務經理親自拜會這個客戶，兩個小時之後，業務經理滿臉喜悅回來了，客戶不僅接受產品，還表示願意續約。

這位經理做了什麼呢？他只是靜靜地聽完了客戶的抱怨，輕聲附和他的意見，也就是說整個談話過程中，他不曾和客戶爭辯過一句話。成功就是這麼簡單。

生活中，如果你聽到有人對你說：「你錯了！」你會有什麼樣的感覺呢？相信大多數人的第一反應就是反駁，這樣一來，雙方自然不會有統一的意見。如果你有與人爭辯的習慣，做事不順利也就不奇怪了。

事實上，天底下只有一種能在爭論中獲勝的方式，那就是避免爭論。

克羅雷是紐約一家木材公司的老闆，與那些冷酷無情的木材審查員打交道多年，常常發生口角，雖然最後的結果往往是他辯贏了，但公司卻總是賠錢。為此，他改變策略，不再同別人發生口角。結果呢？下面是他的經歷：

有天早上克羅雷辦公室的電話鈴響起，一個人急躁不安地在電話裡通知他，說克羅雷給他的工廠運去的一車木材都不合格，他們已停止卸貨，要求克羅雷立即把貨從他們的貨場運回去。原來在卸了四分之一的木材時，木材審查員說這批木材低於標準五〇%，所以他們拒絕接受這批貨。

克羅雷立刻前往那家工廠，一路上想著怎樣才能妥善應付這種局面。通常面對這種情況，他一定會找來判別木材檔次的標準規格據理力爭，根據多年的經驗與知識，力圖使對方相信這些木材達到標準，錯的是對方。然而這次他決定改變做法，用最新學會的「說話」原則處理問題。

當他趕到現場時，看見對方的採購員和審查員一副準備吵架的模樣。克羅雷陪著他們一起走到貨車旁，詢問他們是否可以繼續卸貨。他讓審查員像剛才那樣，把要退的木材堆在一邊，把好的堆在另一邊。

看了一會兒克羅雷就發現，審查員過分嚴格，判錯了標準。因為這種木材是白松，他看出審查員對硬木內行，卻不懂白松木。白松木恰好是克羅雷的專長。不過他一點都沒有反對審查員。他一邊觀察，一邊問幾個問題。他提問時顯得非常友好、合作，並告訴審查員說他們完全有權剔除不合格的木材，他們之間的緊張氣氛消除。漸漸的，審查員的態度變了，承認自己對白松毫無經驗，對每一塊木材重新審查，並虛心徵求克羅雷的看法。

最後他們接受了全部木材，克羅雷拿到了全額支票。

試想一下，如果克羅雷用從前的習慣，以爭辯、抬槓的方式來解決問題的話，會怎樣呢？不用說，審查員也會和他一樣毫不讓步，爭論到底。到最後，吃虧的還是克羅雷。

當你和人爭論時，就是把對方推到敵對的位置上，在這種情況下，無論你的口才有多好，也無法讓對方認同你的觀點。所以，遇事先不要急著否定對方，盡量避免和人爭辯，這樣的做事方式對你更有益處。

4 當心禍從口出

在人生的道路上，要生活得安寧愉快，就要忍言慎語，以言惹禍的例子從古至今比比皆是，所以習慣於說話不知輕重的人，一定要引以為戒，時時慎言，以免招惹是非。

語言是交流思想、感情的工具，語言能成事，也能壞事；語言可以帶來尊榮，也能招來禍患和恥辱。

歷史上言多致禍的事例很多。比如，漢將李陵孤軍深入匈奴之地，陷入重重包圍，終因矢盡糧絕而被迫投降。消息傳到漢朝朝廷，大臣恐懼，漢武帝也食不知味。司馬遷在武帝召問時，直陳己見，替李陵辯護，想以此使武帝寬心，不料卻觸怒了武帝，認為他在詆毀主將李廣利（武帝寵妃之兄），將他下獄。不久，司馬遷被處以宮刑。司馬遷只因多言而鑄成終生恥辱。

對你的敵人說話小心，對於其他人說話也要小心，因為話一旦說出口，就無法收回。話越少，糾紛越少。

說話不知輕重的人，另一個毛病就是喜歡隨便說話，無論該不該講，張嘴就說。事實上，不是什麼話都可以對人講。所謂害人之心不可有，防人之心不可無。一旦中了小人的圈套，為其利用，後悔就來不及了。

每個人都有自己的祕密，一些壓在心底不為人知的事。同事之間，哪怕感情再好，也不要隨便把你的事、你的祕密告訴對方。你的祕密可能是私事，也可能與公司的事有關，如果你無意之中告訴同事，很快這祕密就不再是祕密，它會成為公司上下人人皆知的事。這樣對你極為不利，也可能對你的形象造成傷害。

你的祕密一旦告訴的是一個別有用心的人，他雖然不可能在公司裡到處傳播，但在關鍵時刻，可能拿出你的祕密作為武器回擊你，使你在競爭中失敗。因為一般來說，個人的祕密大多是一些不甚體面、不甚光彩，甚至是有很大污點的事。這個把柄若落入別人的手裡，你的競爭力會大大地被削弱。

杜建是某唱片公司的業務員，他因工作認真、勤於思考、業績良好，被公司確定為後備幹部候選人。只因他無意間透露了一個屬於自己的祕密而被競爭對手擊敗，最終沒被重用。

杜建和同事丁濤私交甚好，常在一起喝酒聊天。一個週末，他備了一些酒菜約了丁濤在家裡共飲。兩人酒越喝越多，話越說越多。酒已微醉的杜建向丁濤說了一件他對任何人都沒說過的事。

「我高中畢業後沒考上大學，有一段時間沒事做，心情特別不好。有一次和幾個哥們喝了些酒，回家時看見路邊停著一輛摩托車，見四周無人，一個朋友撬開鎖，由我把車給開走。後來，那朋友盜竊時被逮住，送到派出所，供出了我，結果我被判了刑。刑滿後我四處找工作都碰壁，沒辦法，經朋友介紹才來到這裡。我很珍惜現在，我會為公司好好地做。」

三年後，公司根據杜建的表現和業績，把他和丁濤確定為業務部副理候選人。總經理找他談話時，他表示一定加倍努力，不辜負總經理的厚望。

誰知道沒過兩天，人事部突然宣布丁濤為業務部副理，杜建調離業務部，另行安排工作崗位。

事後，杜建才從人事部知道是丁濤從中搗的鬼。原來，在候選人名單確定後，丁濤直接找總經理，向總經理說了杜建曾被判刑坐牢的事。

不難想像，一個曾經犯過法的人，老闆怎麼會重用呢？儘管現在表現得不錯，可那個污點永遠也抹不掉。

知道真相後，杜建又氣又恨又無奈，只得接受調遣，去到不怎麼重要的部門上班。

保住屬於自己的隱私，沒有什麼壞處；如果你講給別人聽，情況就不一樣了，說不定什麼時候別人會以此為把柄攻擊你，使你有口難辯。

5 聽聽別人怎麼說

談話並不是獨白，你不能只顧著表達自己的想法，否則會給人傲慢自大的印象，而且也難以達成有效的溝通。所以，如果想獲得別人的認同，還是停下來聽聽別人是怎麼說的吧！

一位外交官太太在丈夫初入外交界帶她去應酬時，她總覺得非常難受。面對滿屋子口才奇佳、曾在世界各地住過的人，她拚命找話題，不想只聽別人說話。

後來有一天，她向一位不大講話但深受歡迎的資深外交人員吐露了自己的問題。

這位外交人員告訴她：「有人說話就要有人聽，相信我，善於聆聽的人在宴會中同樣受歡迎，而且難能可貴，就好像撒哈拉沙漠中的甘泉一樣。」

這位外交官太太和很多人一樣，認為話說得越多越成功。事實上與人溝通，不在於你表達多少，而在於你聆聽了多少。生活中，大多數人都習慣在談話中拚命表現自己，滔滔不絕說個沒完，但事實證明，這樣做只會引起別人的厭煩。

好的談話習慣應該是多聽少說，這麼做會使你更受歡迎。

蕭伯納很聰明，是個很健談的人，少年時，他總是習慣表現自己，無論到哪裡總是說個沒完，而且言詞尖銳，人們被他說一句，便覺得體無完膚。

某天，他的朋友在散步時對他說：「你說話真的很有趣，但大家總覺得，如果你不在場，他們會更快樂。因為他們都比不上你，有你在，只能聽你一個人說話。加上你言詞犀利，朋友逐漸遠離你，這對你又有什麼好處呢？」

朋友的這些話給蕭伯納很深感觸，從此他立下誓言，改掉「一言堂」的說話習慣，於是他又受到朋友的尊敬和歡迎。

談話應該是雙向的，如果你只顧自己發表意見，而不願聽別人說話，甚至不容許別人插話、發表看法，交談就變成了「一言堂」。「一言堂」的談話方式，或許可以顯示個人口才，卻容易使人覺得你高傲自大、蔑視他人的存在。雖然常常發言可以加深別人的印象，但長篇大論地說下去，容易使人厭煩。為此，自己每次「發言」所用的時間宜短不宜長，通常自己講一兩分鐘之後，就應主動把「說話權」讓給他人。要是碰上別人「發言」過久，或是意欲發表個人見解，應耐心等候。他人講話結束之前，千萬不要打斷。

一次生動活潑的談話，是每個交談者不但自己發言，也要讓別人說話。聰明的談話者，往往不是急於發表自己的意見，而是設法讓對方開口，談他所關心的問題，吸引對方與自己交談。

許多人在交談時，習慣將自己放在主要位置，滔滔不絕地訴說自己的故事。這樣非但不能表現自己的口才，反而令人生厭。要知道池蛙長鳴，不被人注意；雄雞則一鳴驚人。這說明了「過多的單口相聲」是不能交流思想的。此外，交談時應談論共同的話題，長話短說，讓每個人都能充分發表意見，留心別人的反應，這樣氣氛才能融洽。

不管你有多少話題，口才多好，如果不顧對方的想法，只管打開自己的話匣子，口若懸河、滔滔不絕，勢必會引起反感。所以，多給別人一些說話機會，說不定會獲得令你驚喜的結果。

米麗是精裝圖書行銷商，每個禮拜都要去拜訪幾位著名的美術家。這些人從來不拒絕她，但也不曾向她購書。他們總是很仔細地翻著米麗帶去的圖書，然後告訴她：「很遺憾，我不能買這些書。」

米麗很奇怪，就把她的煩惱說給信賴的朋友聽。朋友仔細地詢問了她推銷的經過後，對她說：「妳沒發現嗎？平時妳就有這種習慣，妳總是喜歡不斷地說，努力表現自己，卻從不去聽別人說什麼！這次也是，親愛的，所以他們才不願意買。」

米麗是個敬業的人，原就有不錯的美術底子，可惜欠缺了好的談話習慣。每次推銷時，她總是很熱情地告訴對方：「這部畫冊你一定沒有看過，它是現代最……的圖書。」朋友告訴米麗：「妳不妨把書送上門，讓他們自己去評論。」

米麗發現過去的方法有些不妥，於是她又帶著幾本畫冊，經過朋友介紹，拜訪一位新客戶。她並不忙著推銷書籍，而是詢問客戶的意見，耐心聽對方的想法。

這位美術家聊得起勁，不知不覺中，兩人聊了兩個小時。最後米麗請教這位美術家道：「以您深厚的底子，能否幫我看一下這幾本書，看看哪一本更實用、更權威？」

因為時間不多了，兩人約定第二天再見面。隔天，米麗再去取書時，這位美術家認認真真地打出一份意見。字數不多，但都很中肯，還主動告訴她：「我自己想訂購幾本這種畫冊。另外，我和幾個朋友聯繫過，他們也願意看一看。」

米麗聽了表示感謝，並在這位美術家的引薦下，一下子又推銷了好幾套大型畫冊。

跟你談話的人，對他自己、他的需求和問題，比他對你和你的問題更感興趣千百倍。所以，如果你想成為一名受人歡迎的談話者，請收斂一下你的表現欲望，鼓勵對方多談談自己吧！

6 看清臉色巧說話

說話前一定要看清人家臉色，掌握對方的想法、喜好忌諱，如此無論發生什麼事，都能從容應對。若說話不懂得迎合別人心理的人，無論做什麼事都會遇到阻力。

很久以前，有個國王夢見他的牙齒全部掉光，急召來一個解夢家，問他這個夢是什麼意思。解夢家聽完後說：「國王陛下，真是不幸，這說明您的親人會遇到災難，因為每顆牙的掉落，都代表你一個親人的死亡。」

「胡說八道！你竟對我說這種不吉利的話？」國王朝他怒吼，轉身下令：「來人啊，將這傢伙拖出去打一百大板。」

國王又請來另一個解夢家。聽了國王的夢，這個解夢家立刻恭賀國王：「國王您真是幸運，這個夢預示您的壽命比您所有的親人都長壽。」國王聽了，立刻笑開臉：「還是你的解夢術高明。侍衛，立刻陪他到庫房領取五十個金幣。」

兩種不一樣的表達方式，其後果竟是天壤之別。兩個解夢家表達的都是同一個意思，結果前者捱了打，後者只不過把說法變換了一下，順著國王的喜好說話，卻受到賞賜。每個人都喜歡聽符合自己心意的話。所以，培養察言觀色、投其所好的說話習慣，才能成為一個受歡迎的人。

古代一位財主中年得子，非常高興，擺了酒席宴請親朋好友。親戚朋友見了小孩都揀好聽的話說，有的說這孩子大富大貴，將來一定會做官；有的說這小孩一臉福相，將來一定家業興旺。財主聽了心裡喜孜孜。偏偏這時有人說：「這孩子將來一定會死。」此話一出，財主的好心情全沒了，酒席草草結束。

此人所說的確是真話，因為生老病死誰也逃脫不了，但他不顧財主的心情，冒失講出這句話，讓人又氣又惱。他亂講話，只不過得罪財主，頂多財主以後不再宴請他，沒什麼大不了，可有時候說話不看別人臉色，很可能會自毀前途。

小陸和小陳在同一家公司上班，也都很受部門經理器重。有一次，他們所在的部門出了生產事故，隨後召開討論會。在會議上，部門經理沉痛地檢討自己的錯誤，並認為主要責任在己。接著請大家暢所欲言，說說自己的意見。

小陸站起來就發表了長篇大論，從事故發生的原因，說到各人的責任，又談到未來應注意的事項，部門經理認為他說得不錯，帶頭鼓了掌。

輪到小陳發言時，他想事故的原因、責任已經很清楚了，何必再提起，出了事最不好過的就是部門經理，站在他的立場上想的話，他一定希望盡量減輕責任。於是小陳也發表意見，他認為發生事故，是因為工人不遵守規定引起的，責任主要在基層工作人員身上，當然主管督導不力也該檢討。他還覺得部門經理反應迅速，對事故的處理工作做得很好……。不久之後，該部門人員進行一次調整，小陳被擢升為主管，而小陸據說因為口才好而被調去跑業務。

從小陳和小陸兩人不同的境遇，不難得出這樣的結論：說話時應該顧慮別人的心情，如果忽略這一點，說話容易犯忌。

迎合對方的心理說話，並不是要你講違心之論，而是在不違背原則的基礎上，盡量少得罪人。一個人如能養成這樣的說話習慣，在社會上會吃得更開。

7 直來直去討人嫌

有話直說往往是致命缺點。一個心裡有什麼就說什麼的人，不會受人歡迎。這種習慣既容易遭人算計，且是在自毀前程。所以，說話時一定要注意盡量委婉一些，這對我們的事業、生活更有好處。

前幾天傳出小張和他老婆鬧離婚，本來挺親密的小倆口，怎麼突然之間要離婚呢？只因為小張在不經意間說出了一句過於真實的話。

那天下班後，兩人吃過晚飯就靠在沙發上欣賞偶像劇，影片裡的男女主角愛得如火如荼，女主角深情地問男主角：「你到底愛不愛我？」男主角立刻說：「我當然愛妳，因為妳是我身體的一部分。」小張聽了這句話後，自言自語：「這是個具有智慧而又帶點禪意的回答，堪稱經典。」

小張的老婆聽他這麼說，上下打量了他一眼之後，便不斷地拷問他：「你是不是也把我當成你身體的一部分呢？」

小張被問煩了，只好敷衍回答：「妳當然是我身體的一部分了。」

小張以為這樣回答就可以交差了，誰料他老婆聽完後卻不滿足，還繼續問他：「那麼，我到底是你身體的哪一個部分？」老婆想多聽幾句甜言蜜語。

小張無奈地笑笑，想逃避這個問題。但在老婆再三追問下，他老實說：「妳是我的盲腸！」可想而知，聽到這個答案的老婆會有什麼樣的反應了。

小張因說話太直，而傷了夫妻之間的感情。夫妻尚且如此，如果是對外人說話太直，結果會如何自然就不難想像。生活上如果你總是有話直說，很可能因此吃足苦頭。

從前有個老實人，什麼事都有話直說，所以，不管他到哪兒總是被人趕，落得一貧如洗，無處棲身。後來他來到一個村莊，指望能到地主家做工填飽肚子。吝嗇的地主問明原因後，認為有話直說的老實人一定不會偷懶，不會欺騙他，工資又低，於是就高高興興地把他留了下來。

有一天，地主的朋友來做客，地主想留客人吃飯，但又怕老婆不同意，只好謊稱上廁所，趁機去向老婆請示。地主老婆非常生氣，劈頭就賞他幾巴掌，堅決不同意請客，地主雙頰紅腫，又氣又怕，慌亂中找來老實人，要老實人隨便編個理由把客人打發走，因為不放心，還跟到門後偷聽。

老實人一到大廳就說：「我們老爺要我編個理由把你們打發走。」

客人大吃一驚問：「你們老爺在哪？怎麼不出來？」

老實人很乾脆地回答：「他被夫人打腫臉，正躲在門後偷聽咱們說話呢！」一個客人從門後拉出羞愧得滿臉通紅的地主，狠狠地嘲笑一番。客人一走，地主就對老實人發火，立刻趕他走。

其實故事中老實人的遭遇並不是偶然，現實生活中也不乏這樣的例子。

老實的小東是某家公司的中間幹部，他的心地是公認的好，卻一直升不上去；和他同年齡、同時進公司的同事不是外調獨當一面，就是成了他的頂頭上司。另外，別人雖然都稱讚他「好」，但他的朋友並不多，不但下了班沒有飯局，在公司裡也常獨來獨往，好像不太受歡迎的樣子。

其實小東能力並不差，也有相當好的觀察、分析能力，問題是他說話太直了，總是有話就說，不加修飾，於是直接、間接地影響了他的前途。

喜歡有話就說的人，說話時常只看到現象或問題，也常只考慮到自己的不吐不快，而不去考慮別人的立場、觀念、性格。他的話有可能一派胡言，但也有可能鞭辟入裡。若是一派胡言，對方明知，卻又不好發作，只好悶在心裡；鞭辟入裡的有話直說，因為直指核心，讓當事人不得不啟動自衛系統，若招架不住，恐怕就懷恨在心了。所以，有話就說不論是對人或對事，都會讓人受不了，於是人際關係就出現阻礙，別人寧可離你遠遠的，眼不見為淨。

喜歡有話就說的人，一般都具有正義感，言語的爆發力、殺傷力很強，所以有時候這種人會變成別人利用的對象，鼓動你去揭發某事的不法，去攻擊某人的不公。不管成效如何，這種人總要成為犧牲品，因為成效好，鼓動你的人坐收戰果，你分享不到多少；成效不好，你必成為別人的眼中釘，是排名第一的報復對象。

所以，在與人交往的過程中，該委婉含糊時，就不要說話太直。比如，當你不贊成別人的某種做法時，你應巧妙地借助語氣助詞，把「你這樣做不好！」改成「你這樣做不好吧！」也可靈活使用否定詞，把「我認為你不對！」改成「我不認為你是對的。」或者用和緩的推託之詞，把「我不同意！」改成「目前恐怕很難辦到。」這些話都能幫助你取得良好的溝通效果，而不至於得罪別人。

對人方面，直言指出他人處事的不當，或糾正他人性格上的弱點，不會被認作「愛之深，責之切」，而會被看作你和他過意不去。比如某甲認為同事小敏的衣服難看，便馬上對她說：「腿短的人不適合穿這種裙子。」結果，小敏臉一沉，扭頭便走。

或者某甲當著處長的面指點小張說：「你的稿子錯字很多，以後要仔細些。」雖然是實話，但不久後卻聽到某甲習慣在主管面前打擊別人、抬高自己的風聲。某甲發現自己的直話並不受人歡迎，悔不當初，卻為時已晚。

8 別讓嘮叨毀了你的生活

嘮叨的習慣是一種頑固的精神疾病，它會使你周圍的人都遭殃，甚至將他們推到你敵對的位置，毀了你的生活。

一個男人在酒吧裡向他的朋友大吐苦水：「我為什麼不回家？有個從早到晚嘮叨個沒完的老婆，誰受得了！晚上一進門，我還喘口氣呢，她就開始了：『怎麼又這麼晚回來，家裡的事你都不管，總是加班，也沒見你有什麼長進，和你同時進公司的小朱都升為科長了，你倒好，還是個小小職員！』還不只這些，如果家裡發生點小事，比如水龍頭壞了、孩子考試沒考好，她也可以嘮叨上好幾天，一樣的話翻來覆去地說，她怎麼都不嫌煩呢！」這個可憐的男人拉住他的朋友，嚷著要徹夜不歸，他真的再也無法忍受他那嘮叨的妻子了！

那個嘮叨的妻子在埋怨丈夫總是回家太晚時，一定不會想到正是她的嘮叨逼得丈夫想逃離家庭。不僅是家庭生活，在事業等其他方面，嘮叨的習慣也是危害你成功的重要因素。

有位母親，因為她的獨子表現不良而倍感苦惱，她開始求助於心理醫生。她說她十四歲的兒子很聰明，但在學校裡的功課卻總是不及格，成績單上關於學習態度以及同學關係的評語也不好。她抱怨說，她兒子回家總是不肯做功課，不是說沒有作業，就是說在學校做完了，回到家就坐在電腦前，任她怎麼嘮叨動都不動一下。兒子的父親被派駐國外，與兒子關係很疏遠，他把管教孩子的責任全推給了妻子，因此也不了解她面臨的困難。

醫生對這孩子及他家裡的情況大致了解後，就約他來談談。初次見面，醫生就感到他是個特別的孩子。一般第一次到醫生這裡來的孩子總是拘束、靦覥、害羞，醫生必須先花點時間跟他們閒聊，以排除他們緊張羞怯的心情。但是這男孩不同！他一見到醫生，就熱烈地和醫生握手，好像醫生是他多年的老朋友似的，然後輕快地隨醫生走入辦公室，在醫生還沒來得及開口問他時，他已滔滔不絕地說出他的問題。

「醫生，您聽我說，您一定得幫幫我媽！我實在忍受不了，她再嘮叨下去的話，我只好逃走。我不知道她對您說了些什麼，但是您知道她從早到晚嘮叨個沒完，我在家裡一刻都不得安寧。我在浴室刷牙，她在客廳叫道：『不要忘記關燈！』我開冰箱時，她說：『不要忘了關上！』我在家裡沒有一件事可以清靜自在地做。每天都是：『你到哪兒去？去洗手！不要和某某人在一起，他不是好東西！不可以！你為什麼要買那本漫畫？零用錢怎麼隨便亂花？去刷牙！你臉怎麼那麼蒼白！站直一點！』

「如果沒事可挑，她就提我的功課。我從學校回來一踏進家門，門都還沒關上呢，她就叫道：『你不覺得應該先去做功課嗎？』我一氣之下，偏不做，不讓她稱心如意。醫生，我知道我還算聰明，也希望把書念好將來上大學，但是我不希望由母親來控制我的一舉一動，我唯一能對付她的辦法就是不念書，因為她比我還著急。」

可以肯定地說，這個母親非常愛她的孩子，她希望孩子能刻苦、用功、上大學、發揮他的才能，可惜她的嘮叨習慣卻使孩子無法理解她的苦心，而且還把孩子推到了敵對的位置上。事實上，很多家庭中的情感危機都是由於嘮叨引起的。

嘮叨的習慣同樣會危害你的事業。

老趙在公司苦熬了二十七年，才熬到科長的位置，而與他同期工作的人很多都升到了處長級甚至經理級。是老趙沒能力嗎?不是，他把每一項工作都處理得很好，他的工作能力有目共睹。其實他的問題就出在他愛嘮叨的習慣上。每件事他都要對下屬一再叮囑，一個小細節、小問題都能讓他反反覆覆說上兩三天。在對工作彙報時，他也嘮叨個沒完，明明很清楚的事，他也要重複幾遍。開會時，如果讓他發言的話，他就會把同個意思說了又說，聽得每個人都覺得累了，又不好打斷他的話。因此儘管總經理也承認他的工作能力不錯，但還是認為他不太適合擔任高階主管。

老趙可能還弄不清楚自己的問題出在哪，他可能是擔心別人不知道怎麼做，才一遍一遍地強調自己的意思，但他卻沒有想到這樣做會給別人帶來什麼影響。實際上，有些事不用你說，別人也知道該不該做、該怎麼做，你的嘮叨只會讓人心生厭煩。

嘮叨確實會對人產生長遠的不良影響，該如何改掉這個壞習慣呢？對於家庭生活中的嘮叨，我們建議家庭成員可以共同訂立一個規則，重要的事要按規定辦理，這樣就省去了嘮叨。

有位妻子向朋友訴苦，因為她經常向丈夫嘮叨要他修理東西，而丈夫老是拖著不做，又不放心她找修理工來修，一來為了省錢，二來覺得別人不如他修得好。朋友建議他們訂個協定，當家裡有東西需要修理時，就給他七天的時間去修，而且把日期記在日曆上，免得到時找藉口說忘了。一個月之後，那位妻子很開心地告訴朋友，只有一次是她找工人來修的。

為了改正工作中的嘮叨習慣，你可以盡量用書面的形式向下屬傳達工作內容。把你的要求寫得清清楚楚地交給下屬，這樣一來你不必浪費唇舌，他們也弄得明白，長久地堅持下去，相信你一定可以戰勝嘮叨的習慣。

9

開玩笑也要負責任

玩笑就像是鹽，適當的運用可以使菜味鮮美，但濫用的話就會使人難以下嚥。習慣亂開玩笑的人，既傷害別人，又危害自己，不是惹人厭煩就是挑起是非。所以開玩笑一定要看對象，選時機，這樣玩笑才會成為溝通中的潤滑劑。

亂開玩笑，大可亡國，小會得罪人，古往今來，這樣的事例並不少見。最有名的就是褒姒一笑亡國的故事：

周幽王是一位昏君，不思國家大事，只愛吃喝玩樂，荒淫無度，寵愛美女褒姒。為使褒姒開口一笑，周幽王使用了許多方法都不能奏效。後來，一位名叫虢石父的寵臣說：「陛下可以突然擊鼓，把烽火點燃起來，說是有西方的戎族前來入侵，哄騙各路諸侯率兵策馬前來援救，這樣就可以逗得褒姒一笑。」

只知尋歡作樂的周幽王不聽大臣們的勸阻而採納了虢石父的意見，命令手下在夜間擂起大鼓，在京城周圍點燃烽火。諸侯們聞訊後，都以為異族要入侵，周朝面臨大難，立即帶著兵馬，急急忙忙地奔向鎬京。趕到京都的諸侯們只見到周幽王和褒姒及一群舞女，哪裡有敵人的影子。

周幽王用手指著下面那些受騙的人對褒姒說：「看，這群傻瓜！」

褒姒正在納悶城下到底發生什麼事情，聽周幽王一說，她恍然大悟，禁不住放聲大笑起來。這時，城下的諸侯們方才明白自己上當受騙了，大家憤怨地狠瞪城頭上正在玩樂的周幽王和褒姒後，率兵馬回去。

周幽王烽火戲諸侯，為滅亡埋下無窮的後患。申侯被逼謀反，他偷偷地聯合一些地方諸侯，又勾結西方的戎族一起進攻鎬京。這一次，周幽王聽說是戎族打來了，趕緊叫人擂響大鼓，點燃烽火，以集聚各地兵力。但這次卻沒有一個諸侯率兵前來救援，大家還以為周幽王又心血來潮，點燃烽火，為褒姒解悶呢，誰也不願意再受騙了。結果，戎族軍隊很快攻破鎬京，殺死周幽王，俘獲褒姒，並把宮中財寶洗劫一空，還放火燒了鎬京。周朝滅亡。

周朝的滅亡固然有很多原因，但直接原因就是亂開玩笑引起的。周幽王採納了虢石父的餿主意，跟諸侯們開了個玩笑，結果落得國破身亡的下場。如果說周幽王開的一個玩笑造成亡國，一點都不過分。

生活中也不能隨便開別人玩笑，因為這樣做不是得罪人就是引起是非。

七夕情人節時，愛開玩笑的大劉，用女朋友的手機給自己的老朋友馬明發了一個非常肉麻的簡訊，屬名：愛你的蘭。結果這封簡訊被馬明的妻子看到了，兩人大吵一架，妻子非讓馬明說清楚，馬明卻是一頭霧水。結果大劉和女朋友關了手機在酒吧裡瘋狂玩了一整夜，馬明卻和妻子吵了整晚，把家裡能砸的東西都砸完了，妻子收拾東西回娘家。等弄清楚事情後，馬明幾乎想掐死大劉，兩人澈底決裂了，而且馬明還將大劉告上法庭，並要求大劉賠償財產和精神損失費十三萬元。大劉自己也是悔不當初，他沒想到一個玩笑會讓他惹上這樣的麻煩事。

玩笑是不能亂開的，即使開玩笑也是要負責任的。

10 別把得意掛在嘴邊

說者無心，聽者有意。愛把得意事掛在嘴邊，說不定你的哪句話觸痛別人敏感的神經，因而導致惡果。

A女一直在某工廠從事統計工作，後因表現出色被調到總公司工作。A女熱情大方，一開始同事們都很喜歡她，但漸漸的同事們開始討厭起她來，因為她有一個習慣，愛把得意事掛在嘴邊，說她在工廠時地位有多高、廠長對她器重有加；她的兒子在明星高中上學，將來肯定能考上好大學；她的老公在外商公司上班，每月能拿到很多獎金；她家的家具有多高級、她家的地板是橡木做的……總之，她從早到晚不斷地炫耀自己，這個習慣令同事大為反感，群起攻之，不到三個月，A女便被排擠出局了。

Ａ女錯就錯在不該過分炫耀自己，如果是偶爾為之，大多數人都還能接受。但像Ａ女這樣習慣性地炫耀，一定會激起眾怨。如果你的談話總向別人過分顯示出高人一等的優越感，別人自然會對你產生敵意。所以，在與別人談話時一定要注意，不要過分炫耀自己。

生活中，很多人都有炫耀自己的習慣。他們總認為自己的一切勝過別人，於是每次遇到親朋好友，就迫不及待地大肆吹噓自己的經驗、心得，卻不知這常會令一旁的好友不知所措。

一位女士的寶貝女兒從哈佛畢業回國後，在一家金融機構上班，薪水優渥。這位女士相當自豪，面對親朋好友時，就愛說女兒如何風光、薪水有多好。偶然被女兒發覺，極力制止母親，說一直誇自己的女兒，人家會有什麼感受，不要因此傷害了他人。

女兒的話合情合理。可見在敘述自我時，要防止過分突出自己，切勿使別人心理失衡，產生不快，以致影響了相互的關係。

英格麗・褒曼獲得兩屆奧斯卡最佳女配角獎。然而她領獎時，一再稱讚與她一起角逐最佳女配角獎的華倫天娜・歌蒂絲（Valentina Cortese），認為真正獲獎的應該是這位落選者，並由衷地說：「原諒我，華倫天娜，我並沒有打算獲獎。」

褒曼作為獲獎者，沒有喋喋不休地說自己的成就與輝煌，而是對自己的對手推崇備至，極力維護對手的面子。無論對方是誰，都會十分感激褒曼。

以上故事告訴我們，為了維護良好的人際關係，你的一言一行都要為對方的感受著想，學會安撫對方的心靈，不可以使對方產生相形見絀的感覺，同時自己也會有好心情。

每個人都希望被別人認可，獲得好評價，所以，要完全不談得意之事當然不可能，你可以注意談的方式。尤其特別注意，千萬不要在失意人面前提及，免得讓人產生自己被比下去的感覺。

有一次一位先生約了幾個熟朋友來家裡吃飯，原本是想借著熱鬧的氣氛，讓一位正陷入低潮的朋友心情好一些。這位朋友不久前因經營不善，關了公司，妻子也因為不堪生活的壓力，正在與他談離婚的事，事業家庭都出問題，他實在痛苦極了。

來吃飯的朋友都知道他的狀況，大家都避免去談和事業有關的事。可是其中一位朋友因為目前賺了很多錢，酒一下肚，忍不住大談特談他賺錢和花錢的本領，那得意的神情，在場的人看了都不舒服。只見那位失意的朋友低頭不語，臉色非常難看，一會兒上廁所，一會兒去洗臉，最後甚至提早離開。

人人都會有低潮，有不如意的時候，這時，在失意的人面前炫耀自己的得意，無異於把針一根根地插在別人心上。既傷害別人，對自己也沒有好處。因此提醒你，與人相處，切記不要在失意者面前談論你的得意。

如果你正得意，要你絕不談不容易，但是談論你的得意時要看場合和對象，你可以在演說的公開場合談，對你的員工談，享受他們對你的欽羨眼光，但就是不要對失意的人談，因為失意的人最脆弱，也最多心，你的談論在他聽來充滿了諷刺與嘲弄的味道，讓失意的人感受到你「看不起」他。當然有些人不在乎，你說你的，他聽他的，但這麼放得開的人不太多。

一般而言，失意的人較少攻擊性，鬱鬱寡歡是最普遍的心態，但別以為他們總是如此。聽你談論你的得意之後，他們普遍會有一種心理——懷恨。這是一種藏在心底深處對你的不滿，你說得口沫橫飛，卻不知不覺已在失意者心中埋下一顆不定時炸彈。

失意者對你的懷恨不會立刻顯現出來，因為他無力顯現，但他會透過各種方式來洩恨。例如說你壞話、扯你後腿、故意與你為敵，主要目的是看你能得意到幾時；或是疏遠你，避免和你碰面，以免再聽到你的得意事，於是你不知不覺就失去了一個朋友。

當你有了得意事，升了官、發了財或是一切順利，切忌在失意的人面前談論。就算在座沒有失意的人，但總也有情況不如你的人，你的得意還是有可能讓他們起反感，人是有嫉妒心的，這一點你必須承認。

11 說話要給人留面子

「愚笨的人，說想說的話；聰明的人，說該說的話。」我們要為自己和別人留下適當的彈性與空間，不要把話說死了，傷害別人的自尊是一種罪行，也可能毀了你的生活。

一九二二年，土耳其在與希臘經過幾世紀的敵對之後，終於決定把希臘人逐出土耳其領土。

穆斯塔法‧凱墨爾，對他的士兵發表了篇拿破崙式的演說，他說：「你們的目的地是地中海。」於是近代史上最慘烈的一場戰爭終於展開。最後土耳其獲勝；而當希臘兩位將領——戰敗的穆科皮斯和迪歐尼斯前往凱墨爾的總部投降時，土耳其人對他們擊敗的敵人加以辱罵。

但凱墨爾絲毫沒有顯出勝利者的驕氣。

「請坐，兩位先生，」他說，握住他們的手，「你們一定走累了。」然後，在討論了投降的細節後，他安慰他們失敗的痛苦，以軍人對軍人口氣說：「戰爭這種東西，最佳的人有時也會打敗仗。」

凱墨爾即使處在全面勝利的興奮情緒中，也還記著這條重要的規則：「讓他人保住面子。」

凱墨爾照顧到兩位戰敗將軍的自尊心，他沒有說一句傷人自尊的話，反而給他們留足了面子，凱墨爾的這種做法值得我們仿效，我們也應該注意在說話時給人留面子，千萬不要傷人家的自尊心。

在茂密的山林裡，一位樵夫救了一隻小熊，母熊對樵夫感激不盡。有一天，樵夫迷路了，遇見母熊，母熊安排他住宿，還以豐盛的晚宴款待他。第二天，樵夫對母熊說：「妳招待得很好，但我唯一不喜歡的地方就是妳身上的那股臭味。」母熊心裡快快不樂說：「為了補償你，你用斧頭砍我的頭吧。」樵夫按要求做了。

若干年後，樵夫遇到母熊，他問：「妳頭上的傷口好了嗎？」

母熊說：「噢，那次痛了一陣子，傷口癒合後我就忘了，不過那次你說過的話，我一輩子也忘不了。」

真正傷害人心的不是刀子，而是比刀子更厲害的語言。說話時不給人留面子，不僅會傷人至深，也會給你帶來不利的影響。

幾年以前，通用電器公司面臨一項需要慎重處理的工作：免除查爾斯・史坦恩梅茲擔任某一部門的主管。史坦恩梅茲在電器方面是個天才，但擔任計算部門主管卻澈底失敗。然而公司卻不敢冒犯他，而他又十分敏感。於是他們給了他一個新頭銜。他們讓他擔任「通用電器公司顧問工程師」，工作還是和以前一樣，只是換了一個新頭銜，而讓其他人擔任部門主管。

史坦恩梅茲十分高興。通用公司的高級人員也很高興，他們雖然調動這位最暴躁的大牌明星職員，卻沒有引起一場大風暴，因為他們保住了他的面子。

「讓他有面子」，這是多麼重要，而我們卻很少有人想到這一點！我們殘酷地抹殺了他人的感覺，又自以為是在其他人面前批評一位小孩或員工，甚至不去考慮是否傷害到別人的自尊。然而，一兩分鐘的思考，一句或兩句體諒的話，對他人態度的寬大的了解，都可以減少對別人的傷害。

下一次我們在辭退一個傭人或員工時，記住這一點。

以下，我引用會計師馬歇爾・格蘭格寫的一封信的內容：

「開除員工並不是很有趣。被開除更是沒趣。我們的工作是有季節性的，因此，在三月份，我們必須讓許多人走路。

「沒有人樂於動斧頭，這已成了我們這一行業的格言。因此，我們演變成一種習俗，盡可能快點把這件事處理掉，通常是依照下列方式進行：『請坐，史密斯先生，這一季已經過去了，我們似乎再也沒有更多的工作交給你處理。當然，畢竟你也明白，你只是受雇在最忙的季節裡幫忙而已。』……等等。

「這些話為他們帶來失望，以及『受遺棄』的感覺。他們之中大多數一生皆從事會計工作，對於這麼快就拋棄他們的公司，當然不會懷有特別的愛心。我最近決定以稍微圓滑和體諒的方式，來遣散公司多餘的人員。我在仔細考慮他們每人在冬天裡的工作表現之後，一一把他們叫進來。我換種方式說：『史密斯先生，你的工作表現很好（如果他真是如此）。那次我們派你到紐華克去，真是一項很艱苦的任務。你遭遇了一些困難，但處理得很妥當，我們希望你知道，公司很以你為榮。你對這一行業懂得很多，不管你到哪裡工作，都會有很光明遠大的前途。公司對你有信心，支持你，我們希望你不要忘記！』

「結果呢?他們走後，對於自己被解雇，並不會覺得『受遺棄』。他們知道，如果我們有工作給他們的話，會把他們留下來。而當我們再度需要他們時，他們將帶著深厚的私人感情再來投效我們。」

即使我們是對的，別人是錯的，也不必讓別人丟臉，毀了他的自尊。記住，任何人都沒有權利去貶抑一個人的自尊。

第二輯

社交好習慣

免除僵化的交往模式，
打破人際關係的堅冰

生活在這個世界上，
人人都離不開社交，
而錯誤的社交習慣阻礙了人際交往的順利展開。
唯有努力剔除這些壞習慣，
才能靈活地處理各種複雜的人際關係，
成為社交高手。

1 讚美百句不嫌多

是否會恰當地讚美他人，已成為衡量一個人交際水準高低的標誌之一，也決定了他能否建立一個成功的人脈。

在同一家公司工作的小田和小雪素來不和，小田覺得小雪是在故意刁難自己，老是陰陽怪氣。小田想，這樣的人就是再聰明能幹，也沒人願意理她。

有一天，小田忍無可忍地對另一個同事琪琪說：「妳去告訴小雪一聲，我真受不了她，請她改改她的壞脾氣，否則沒有人願意理她。」從那以後，小雪遇到小田時，果然是既和氣又有禮，不但不再說話刻薄，有時還會稱讚小田。小田向琪琪表示謝意，並驚奇地追問她是怎麼跟小雪說的。

琪琪笑著跟小田說：「我對她說：『有那麼多人稱讚妳，尤其是小田，說妳聰明又大方，人又溫柔善良。』如此而已。」

簡單的讚美，就輕易地化解了兩個女孩子之間的矛盾，由此可見，讚美的力量是非常強大的。如果我們能注意培養自己讚美別人的習慣，那我們在社交中一定會更受歡迎。

喜歡得到他人的讚美，這是人性的一個特點。我們很多人都喜歡他人讚美自己，反而吝於讚美別人。「讚美」不但讓別人高興，也讓自己獲得無數的友誼和幫助。

其實，不僅成人需要讚美，小孩子也需要大人的讚美，不信你向一位小女孩稱讚她長得漂亮可愛，或是她的洋娃娃很好看，看看她的反應如何？你也稱讚一位小男孩，說他長得帥，說他的玩具槍好厲害，看看他高不高興？

成人看似心智成熟，其實需要讚美的心理並未消失，所以女孩子買了新衣服，總要問問朋友「好不好看」。如果說好看，她便樂了。男人呢？如果說一位年輕人長得又帥又酷，他包準高興；對中年人說他很性格、有味道，他也一定笑開懷。

既然讚美這麼有魔力，我們就應該多去運用它，對人際關係一定會有幫助。

紐約盧瓦公司的管理人達諾•馬克馬亨先生敘述的事情，就是很好的例子。經過是這樣的：

「有次我幫一位著名的鑑賞家做庭園設計，這位主人走出來交代一番，提示我他想在哪裡種杜鵑花和一片石榴。

「我說道：『先生，我知道你有養狗，聽說你養的漂亮狗每年都能在麥迪遜廣場花園的展覽裡，拿到好幾個藍帶獎。』

「這個小小的稱讚卻引起了不小的效果。鑑賞家回答說：『沒錯，我從養狗中獲得了不少樂趣，你想不想看看牠們？』

「他用差不多一個小時的時間，帶我參觀了各類狗和所得的獎品，還為我說明血統如何影響狗的智慧和外貌。接著，他轉身問我：『你有沒有小孩？』我回答說：『有的，我有個兒子。』『啊，他想不想要隻小狗呢？』他問道。

「『當然啊，他一定會非常高興的。』

「『那我送他一隻。』鑑賞家宣稱。

「後來，他還告訴我怎麼養小狗，大概怕我記不下來，進屋打了一份血統書和飼養說明給我。他不僅送我一隻價值好幾百元的小狗，並在百忙中撥給我一小時十五分鐘，這完全是出於我衷心地讚美他的嗜好和成就的緣故。」

讚美別人雖然是個好習慣，但在讚美時要注意一下技巧，免得一不小心弄巧成拙。

某公司有位A小姐，她不但長得漂亮，嘴巴也很甜。她的上司是個優雅的女士，很會搭配衣服。而那位嘴巴甜的小姐卻成為這位上司的苦惱。因為，每天早上一到公司，對方那種令人不舒服的讚美就湧入耳中：「哇！好漂亮啊，經理，妳又買新衣服了對不對？顏色好漂亮喔，穿在妳身上就是不一樣。」隔天一見面，又來了：「看看看，又一套了，很貴喔，也是新的吧，我就缺這個本事，不像您這麼會打扮。」不僅如此，她還習慣當著客戶「讚美」上司，說辭幾乎都是：「在我們經理英明的領導之下，我才有今天的成績，好多人都問我跟我們經理多久了，其實也沒多久，都是經理不藏私，願意教我。」

後來，上司終於被她過分的「讚美」和不誠懇的眼神弄煩了，把她調去管理資料，眼不見為淨。

A小姐的讚美就很有問題，給人感覺太做作，老套又沒有讚美到點上，因而不但沒獲得經理青睞，反而被調得遠遠的。

讚美要自然、順勢，不必刻意為之，過於刻意會顯得「另有所圖」，可能對方不領情，反而弄巧成拙。此外，也不必用大嗓門讚美，這反而變成酸葡萄，有挖苦的味道了。最好是私下向對方表明你的看法，這種表示方法也比較容易造成雙方情感的共鳴。

讚美要看對象。對喜歡漂亮的女孩子你就要讚美她的打扮；有小孩的母親，最好讚美她的小孩，讚美她的小孩「聰明可愛」準沒錯；工作型的女孩子除了外表之外，也可讚美她的工作績效；至於男人，最好從工作下手，你可稱讚他的聰明、耐力，當然如果他已結婚，也可讚美他的妻子、小孩。

用詞不要太肉麻，能適當地表達你的意思就可以了，而且不宜太誇張，太誇張也會讓人覺得是一種挖苦。一般而言，「不錯」、「很好」、「我喜歡」之類的用詞就夠了。

2 伸手不打笑臉人

一個總是板著臉的人，走到哪裡都不受人歡迎，而一個習慣用微笑去面對別人的人，卻很容易贏得別人的好感。所以，如果想有好人緣，別再板著臉孔，就從微笑開始吧！

A先生是某公司的經理，三十三歲的他是一個集各項優點於一身的天之驕子，長相英俊、身材修長，畢業於知名大學，能力出眾，他在舞池裡的瀟灑舞姿能讓每個女人傾倒。然而條件如此出眾的他，卻得不到大家的歡心，無論男女職員見到他一律戰戰兢兢，部下除非逼不得已絕不願意和他交流意見。對此他也很苦惱。那麼他的問題出在哪裡呢？其實你只要仔細地觀察他就會發現，他的嘴角抿得緊緊的，面無表情，給人一種嚴肅冷酷的感覺，沒人願意和看起來嚴肅的人交往，從這一點來看，別人總是離他遠遠的並不難理解。

如果說微笑是在向人表示：我喜歡你，非常高興見到你；那麼嚴肅的表情就是在向人說：我很煩，離我遠點！這位經理如果想改善他的人際關係，就得改變總是板著臉的習慣，學一學怎樣微笑。

紐約一家大型百貨公司裡的人事主任，談到他雇人的標準時，他說他寧可雇用一個有可愛的微笑、小學還沒有畢業的女孩子，也不願意雇用一個冷冰冰的博士。

如果你希望別人用歡愉的神情來對待你，那麼你必須先用這樣的神情去對待別人。

亞當斯在紐約證券交易所上班，給人很嚴肅的感覺，在他臉上難得見到一絲笑容。他結婚已經二十年了，這麼多年來，從他起床到上班前，他很難得對自己的太太露出一絲微笑，也很少說上幾句話。家裡的生活很沉悶。

他決定改變現狀。某天早晨他梳頭的時候，從鏡子裡看到自己那張繃得緊緊的臉孔，他就向自己說：你今天必須把你那張死人臉鬆開來，你要展開笑容，就從現在開始。

坐下吃早餐，他臉上有著一副輕鬆的笑意，他向太太打招呼：「親愛的，早！」

他太太完全愣住了，亞當斯還告訴她以後都會這樣。從那以後，他們的家庭生活完全變樣了。

現在亞當斯去辦公室，會對電梯員微笑地說早；去櫃檯換錢時，臉上也帶著笑容。他在交易所裡，即使是那些從沒有見過面的人，也都帶著笑容。

不久他就發現每一個人見到他時，都回以笑容。對那些來向他訴苦的人，他以關心的、和悅的態度聽他們傾訴，無形中他們認為苦惱的事，變得容易解決了。微笑為他帶來了很多財富。

亞當斯和另外一個經紀人合用一間辦公室。他雇用了一個職員，是個可愛的年輕人，那年輕人漸漸地對他有了好感。年輕人這樣告訴亞當斯，他初來這間辦公室時，認為他是一個嚴肅的人。而最近一段時間以來，他的看法已澈底改變。他誇亞當斯微笑時很有人情味。

現在亞當斯是一個跟過去完全不同的人了，一個更快樂、更充實的人，因擁有友誼及快樂而更加充實。

當我們與別人第一次見面時，通常會有一種不安的感覺，而真摯友善的微笑可以消除這種初次見面的心理狀態。微笑是人際關係的潤滑劑，一個人臉上時常展笑容，會令人覺得十分舒服。

假如我們有求於別人，遭到別人微笑地拒絕，也不至於太過生氣。同樣是拒絕，如果對方雖然禮貌卻無半點笑容，我們就會覺得受到冷淡，不愉快的心情也就油然而生。

有個人，無論他遇到什麼困難或遭到何等的不快，甚至面對別人提出過分嚴厲的要求，都不會忘記微笑。任何人和他在一起，自然地產生一股勇氣。這個人靠著他的微笑，吸引著各式各樣的人，他的生活自然是舒適而愉快的。

也許有人會說，一個人在心情不愉快的時候，怎麼能笑得出來呢？這種情況在所難免。但微笑是可以經過努力培養的，久而久之，就能很自然地浮現笑靨。

心理學泰斗威廉・詹姆士說過：「乍一想，行為似乎是隨著感情而發，其實行為和感情同時產生。然而我們可以透過行為間接地調節感情。行為可由我們的意志去直接控制，但是感情卻不然。所以當我們失去了快樂的心情時，恢復快樂的最好辦法是假裝快樂，快樂地微笑，快樂地談話，快樂地工作，然後快樂和微笑就會在不知不覺中又回到了你身邊。反過來說，一個人如果因為憂鬱而垂下頭來，他的憂鬱必定因此而更深。舉起拳頭來，憤怒就更加深一層，變成真正的憤怒。將舉起的拳頭慢慢放下來，輕輕摸一摸對方的頭，相信你的憤怒會頃刻化為烏有。」

哲學家康德，曾經提到表情對精神的影響。他說：「外表的快活和開朗，會逐漸改變心靈的面貌，使那人的心情活躍，也較富社交性。」他尤其對已有兒女的父母們強調：「必須從孩子幼年時起，就使他們養成微笑的習慣。」

如此看來，凡是經常面帶微笑的人，他們往往能不說一句話就將別人吸引，使人感到愉快。人的行為比言語更能切實地表露出一個人的真心。微笑的這種行為，勝過任何雄辯的言語，當你微笑時，你似乎在說：「我很喜歡你，請不要拘束，有什麼就說什麼。」

3 別讓猜疑毀了友誼

懷疑人很容易，但想消除因懷疑帶來的隔閡很難。猜疑的習慣就像一顆不定時炸彈，隨時會炸得你人仰馬翻。

有兩個女孩是死黨，大學畢業後，又到同一家公司上班。有一次，A小姐因加班晚回來了，等她進到房間時看見B小姐陪自己的男朋友聊天說笑，一見到A小姐回來了，B小姐對她笑笑後就回自己房間。A小姐明知道不應該，但心裡還是忍不住想：「他們剛剛聊什麼，聊得那麼開心？以前她還誇過我男友，難道……」A小姐不願再想下去，但之後卻不再像以前那樣信任B小姐了。

經過一段時間，A小姐覺得B小姐好像在故意疏遠自己，有時看她好像和同事說什麼，但她一走近，B小姐就不再說話，自己的男友也是神神祕祕的，她越想越覺得可疑。A小姐的生日到了，男友打電話說要出差不能陪她，B小姐則表示自己要回家陪母親，她只好自己一個人去逛街。但等她回到家時，卻聽到裡面有說有笑，A小姐打開門就衝進去，還沒等驚愕的B小姐和男友回過神來，就給了B小姐一巴掌，隨後對兩人破口大罵。

B小姐哭著衝了出去。她的男友氣憤地捧出蛋糕和禮物，原來兩人不過是想給她一個生日驚喜罷了。摔了蛋糕，男友走了，自己最好的朋友生氣了，A小姐恨死自己，如果不是對朋友疑神疑鬼，也就不會發生這種事，毀了一段珍貴的友誼。

猜疑往往會阻礙人際關係，所以在交往時，一定要克制自己猜疑的習慣，對人多一點信任，這樣人際關係才會越來越好。

有兩個朋友合夥開公司。甲負責產品的研製和生產，乙負責業務推廣。開始時，兩人配合的還算密切，業績還不錯，但過了不久，甲開始懷疑乙做銷售時吃回扣，他把道聽途說關於吃回扣的傳聞當真，對乙越來越不滿。

乙在察覺到甲的變化後，頗為痛心。他想不到自己從未多花多拿公司一分錢，甲竟然對自己如此不信任。一氣之下，乙真的開始拿回扣。甲呢？乙既然對公司這樣，自己又何必守信？於是，甲也開始撈油水。試想，這樣的公司，這樣的朋友，還能維持多久呢？

懷疑朋友最直接的危害就是傷害了朋友的品格，導致友情破裂。反彈的結果，會使朋友對自己也產生種種看法，進而也對以前的友情產生懷疑，不再珍惜的同時，甚至會採取毀滅的舉動。

因此，若對朋友的某些行為產生懷疑，最好先與朋友積極溝通，盡量減少或消除誤會，以化解懷疑。

用人不疑，疑人不用，只有守信才能取信於人。

春秋時，魏文侯派樂羊去進攻中山國。有大臣勸諫道：「樂羊的愛子在中山國為大臣，讓父親去攻打兒子，這能行嗎？」

魏文侯當作沒聽見，依舊派樂羊率兵打中山國。不久，傳來了樂羊圍中山國而不攻的消息，朝廷內外怨聲四起。有大臣向魏文侯提出召回樂羊、另派大將的建議，魏文侯不為所動。他堅信自己的眼光，對樂羊的才能和人品無比信任。

果然，過了不久，傳來樂羊大敗中山國的喜訊，魏文侯親自出城相迎，並大宴將士，為樂羊獲勝而慶功。席間，魏文侯賜給樂羊兩箱特殊的「禮物」。樂羊打開一看，裡面裝滿了群臣彈劾他的奏章。他感動得落下淚，覺得這樣的禮物比金銀珠寶要珍貴無數倍。第二天上朝，樂羊謝恩。魏文侯說：「我讓你做大將，是相信你有這樣的才能，不會輕易懷疑的。」

魏文侯堪稱用人的典範，他的「不疑」才換來了戰爭的勝利。如果他和那些懷疑樂羊的大臣一樣，那樂羊不是早被撤職，就是關進監牢，能保住一條小命已屬萬幸，還談什麼建立戰功呢！

所以，人際交往中千萬不要動輒懷疑別人，對朋友要交而不疑，疑而不交。如果你總是對朋友處處猜疑，就無法得到真正的友誼，事業也很難成功。

4 好的壞的都是朋友

與討厭的人為敵不會把對方弄垮，自己反而會被孤立，不但你厭惡的人與你隙縫越深，而且其他人也會對你存有戒心。所以，盡力與你不喜歡的人正常交往，說不定他們還會在某些方面對你有所幫助。

王先生是個直爽的人，愛憎分明。對於他認同的人，自然是好言好語；可是如果是讓他討厭的人，他就會擺出一副厭惡的樣子。妻子曾經多次勸他，不能因為自己的愛惡喜厭決定是否做朋友，但他卻不聽，結果為了這個習慣他可吃了不少虧。

公司裡王先生最討厭的就是同組同事曾某，曾某愛拍上司馬屁，而這種做法正是王先生最看不慣的，因此他總是對曾某冷眼冷語。其實曾某的脾氣還算不錯，只不過王先生天天如此，他也受不了了，更何況王先生還曾在人前給他難堪，所以曾某嘴上不說，心裡卻恨透了王先生。後來，曾某因工作出色被提升為人事經理，王先生也就開始了他的苦日子，哪裡工作最累最難，他就會被分到哪裡。王先生幾次想辭職，可自己已經四十二歲了，再到哪兒去找工作呢？

王先生與討厭的人為敵，把生活弄得一團糟。其實人活在世上，總要和各式各樣的人來往，有你喜歡的，也有你厭惡的。如果你總是心存偏見，和討厭的人為敵，那麼久而久之，你會無路可走，自身也會成為眾矢之的。

在北宋朋黨紛爭的政局中，王安石一意推行新法，忽略協調舊派以求人和政通，是他遭受舊派全力攻擊的主要原因，也是新法推行的主要阻力。

舊派重臣名流，能否真誠接納王安石，支持合作，本是一大問題，偏偏王安石個性太過執拗，自認「天變不足畏懼，祖宗不足取法，議論不足體恤」，不肯委曲求全，不設法溝通以獲得諒解，甚至不能接納相反的意見，大大喪失人和，增添輿論的壓力。尤其來自諫官的彈劾攻擊，使新法的推行成為黨派爭執的口實，有你無我，一旦舊派抬頭，新法也全面廢棄了。

每個人都有不同的性格特點，我們要找的是朋友不是聖人。因此，彼此間必須互相遷就，這樣才能友好地交往。也只有如此，你的朋友才會越來越多。

全面探討王安石推行新法，太著重對事，忽略對人，是失敗的重要因素。推行新法，先要溝通朝野觀念，上求當政人員配合支持，下求社會大眾了解接受，只靠一個皇帝贊成是不夠的。大舉推行新法，要有足夠的配合人手，切實負責，有為有守，並且須使這些推行人員對所執行的新法有充分的認識，還須受過推行方法的訓練，不是一紙命令下去，大量用人執行就能成功的。

王安石的才智、勇氣與理想，在歷史上可以大書特書；他在氣度才識、政治運作技術以及人際交往上所顯示的缺失，也是千百年來一大借鏡。

既然知道了這種習慣造成的危害，我們就應該努力克服它，別讓它毀了我們的生活。

要戰勝這個習慣，首先就要從除去偏見做起。偏見是以人們自己的缺點，去強求他人，更改他人的弱點；偏見是用自己的標準衡量他人的武斷，「只許州官放火，不許百姓點燈」，過於蠻橫。偏見是一把戕害他人的無形刀。《馬太福音》中說：「你自己眼中有梁木，怎麼能對你兄弟說，容我去掉眼中的刺呢？你這假冒偽善的人，先去掉你眼中的梁木，然後才能看得清楚，去掉你兄弟眼中的刺。」

以寫《荒漠甘泉》著稱的考門夫人寫道：

你有沒有注意到——別人那樣做，叫做「笨手笨腳」；你那樣做，是「有點緊張」。

別人硬要那樣做，叫「冥頑不靈」；你自己硬要那樣做，卻是「意志堅定」。

別人不喜歡你的朋友，叫做「成見甚深」；你不喜歡他的朋友，卻是因為「觀人入微」。

別人花錢，叫做「奢侈浪費」；你若花錢，是「慷慨解囊」。

別人挑剔是「吹毛求疵」；你挑剔人家的毛病，是「入木三分」。

別人態度溫和，是因為「懦弱無能」；你若態度溫和，便成「文雅敦厚」。

別人動作大意，叫做「動作粗魯」；你若同樣行動，卻是「不拘小節」。

的確，「寬待自己，易於指責別人是非」是現代人的通病，世人也多以自我為中心去看待他人或判斷某事。結果，滋生恨與惡。

另外，你還要明白，和「小人」交往，並沒有降低你的人格，或許你會覺得對於和那些性格觀點不一致的人，固然不應該以愛惡喜厭來處理同他的關係；但對於那些品質不太好，行為不太檢點，因而令你看不慣和不喜歡的人來說，和他過不去又有何妨呢？和他們交往豈不是降低了自己的人格。

就感情而言，這種人的確令你憎惡和討厭，但這並不等於得和他過不去，更不應置之於死地而後快，只要他不是不可救藥的人，就應當盡力和他溝通，滿腔熱情地接近他、感化他。這並不是降低人格，反而證明你具有高尚的人格。

要是人家一有錯和不足，你就把人家列為拒絕往來戶，這不但暴露了自己的人格不夠高尚，而且顯得心胸也太過狹窄了。

最後，你還要想到，也許是因為你和他有著相同缺點才格格不入。

人一遇到和自己具有相同缺點的人，似乎波長會相合，即刻產生厭惡的感覺。我們通常與某人相處時出現摩擦，首先會醜化對方，想排斥他；其實應該先謙虛地自省，改正自己的缺點，或是拔除厭惡對方之感的根源，才是首要之務。

習慣朋友、家人和相識的人的缺點，正如習慣醜陋的面孔一樣，施行起來並不像想像的那麼難。

5 好朋友之間也要講客套

朋友之間再熟悉、再親密，也不能隨便過了頭，否則默契和平衡會被打破，友好關係將不復存在。切記，絕不能跨入朋友尊嚴的禁區。

王磊和陳述是一對很要好的朋友，兩人在上大學時是好到可以穿一條褲子的哥兒們。畢業後兩人雖然合租房子，但各自有自己的生活，來往也少了很多，大剌剌的王磊卻依舊像以前那樣，總是隨意闖進陳述的房間，亂翻東西，躺在沙發上看足球賽，一看就是大半夜；有時還當著陳述女朋友的面拿陳述尋開心，隨隨便便地伸手要錢……這一切都讓陳述感到厭煩，但因為是老朋友了，又不好說什麼。

有一天，陳述的媽媽突然生病住院，陳述趕回家拿錢時，才發現櫃子居然是空的，這時王磊擁著女朋友回來，陳述看見王磊身上穿著女朋友為他買的毛衣，心裡的火更旺，質問：「櫃子裡的錢哪兒去了？」

王磊一點也沒發現陳述臉色不對，懶懶地說：「女朋友過生日，我還沒發薪水，就拿你的錢請她吃頓大餐，買了條項鏈錢就沒了。」

陳述冷冷地看著他：「你憑什麼不經我的同意就拿我的錢？」

結果那天兩人大吵一架，澈底鬧僵了，王磊搬出了合租的房子，兩人再也沒連絡。

王磊錯就錯在對朋友太隨便，要知道兩個人即使關係再好，仍是獨立的個體，彼此之間還是要互相尊重得好。

生活中，很多人認為好朋友之間無需客套，因此便養成了對朋友無禮、隨便的習慣，久而久之，友誼因此而消逝。所以我們一定要尊重朋友，這樣友誼才能天長地久。

一座山上住著一戶人家，平日辛勤耕種，生活還算過得去，只是如果有個額外的開銷，經濟就會吃緊。

這天，主人有位很久以前認識的朋友，兩人雖然很少見面，但是交情還算不錯，朋友千里迢迢來訪，讓主人十分高興。

有朋自遠方來不亦樂乎，所以主人特地要求妻子煮一些下酒好菜，兩人高興地談論到天明。誰知道，朋友這麼一住下來，就住了很長一段時間，整天吃吃喝喝，一點也不把自己當外人，而且似乎沒有打道回府的意思。

漸漸地家裡的菜已經快要吃光了，偏偏正逢梅雨季節，戶外的雨從來沒有停過，無法下山去買些存糧，真是糟糕。

妻子說：「你也想想辦法啊！」

主人說：「他不走，我總不能請他自己離開吧！」

妻子說：「不管你怎麼做，反正已經沒米下鍋、沒菜可吃了，你再不解決，我們三個人就一起餓死好了。」

越說越氣憤的妻子，說完之後，拂袖而去，留下不知所措的主人。

隔天吃完飯後，主人陪著朋友聊天，並看看窗外的景致，談談過往的回憶。這時，主人忽然看到庭院的樹上有一隻鳥正在躲雨，而且這隻鳥的體型非常大，是以前沒有見過的鳥類。

於是，主人靈機一動，對著朋友說：「你遠道而來，這幾天我都沒有準備什麼豐富的菜肴招待你，真是不好意思。」

朋友說：「別這麼說，我覺得一切都很好，不但你和嫂子款待周到，而且吃得好、睡得好，真是感激不盡。」

主人說：「不、不、不，那是因為你不嫌棄。」

朋友說：「快別這麼說，有你們的照顧，我真的覺得很舒適。」

主人說：「你看窗外樹上有一隻鳥嗎？」

朋友說：「看到了，怎麼啦？」

主人說：「我等一下準備拿斧頭把樹砍了，然後抓那隻鳥來煮，晚上我們喝酒時才有下酒菜，你覺得如何？」

朋友大剌剌地說：「你跟我客氣什麼呀！我把這裡當自己家，不用什麼下酒菜，而且牠又不是呆鳥，怎麼會等著讓你抓？」

主人只好無奈地看著眼前的這隻呆鳥，嘆了口氣。

這隻讓主人頭疼的「呆鳥」，正是生活中那些對朋友隨隨便便的人。他們對朋友放肆無禮，最後惹來朋友的厭煩。

其實，每個人都希望擁有自己的一片小天地，朋友之間過於隨便，就容易侵入這片禁區，容易引起摩擦衝突。譬如，不問對方是否有空、願意與否，任意支配或占用對方已有安排的寶貴時間，全然沒有意識到對方的難處與不便；一意追問對方深藏心底不願啟齒的祕密，一味探聽對方祕而不宣的私事；忘了親兄弟明算帳，花錢不記你我，用物不分彼此。凡此種種，都是不尊重朋友，侵犯、干涉他人的壞現象。偶然疏忽，可以理解，可以寬容，可以忍受；但長此以往，必生間隙，導致朋友的疏遠或厭倦，友誼淡化，甚至惡化。

因此，好朋友之間也應講究客套，恪守交友之道。

為了克服這個壞習慣，你就應該多注意以下幾個問題：

1.不分彼此，把朋友的東西當自己的東西

朋友之間最容易忽略的是對朋友物品的處理態度，常以為「朋友之間何必分彼此」，對朋友的東西，不經許可便擅自取用，不加愛惜，有時遲還或不還，一次兩次礙於情面，朋友不好意思指責，但久而久之會使朋友認為你過於放肆，產生防範心理。

你與朋友對彼此東西要有這樣的觀念：這是朋友的東西更當加倍珍惜、親兄弟明算帳。注重禮尚往來，要把珍重朋友的東西看作如珍重友情一樣重要。

2.過於散漫，讓朋友對你產生厭惡感

朋友之間，談吐行動理應直率、大方、親切、不矯揉造作。但過於散漫、不知自制、不拘小節，則使人感到粗魯庸俗。也許你和一般人相處會以理性自我約束；但與朋友相聚時就忘了一切，或信口雌黃，或在朋友講話時肆意打斷、譏諷嘲弄，或心不在焉，也許這是你自然流露，但朋友會覺得你沒有風度和修養，自然對你產生一種厭惡輕蔑之感，改變了對你的原來印象。所以，在朋友面前應自然而不失自重，熱情而不失態，做到有分寸、有節制。

3.不識時務，反應遲緩

當你到朋友家拜訪時，若遇上朋友正在讀書學習或正在接待客人，或正和戀人約會，或朋友準備外出等，你也許自恃摯友，不顧時間場合，不看朋友臉色，一坐就是半天，喧賓奪主，不管人家早已如坐針氈，極不耐煩，這樣，朋友一定會認為你太沒有教養，不識時務，不近人情，以後會想辦法躲著你，害怕你再打擾他的私

生活。所以，遇到以上的狀況，你只需稍稍寒暄幾句就該知趣道別，珍惜朋友的時間和尊重朋友的私生活如同珍重友情一樣可貴。

總之，禮多人不怪，再熟悉的朋友也要講究禮貌。如果因為太過親近而放肆的話，你早晚會失去這段友誼。

6 別讓別人占你便宜

克服委屈退讓的習慣，大膽堅持你的觀點，不要擔心這樣做會和別人發生衝突，在日常交往中，那些與別人相處得最融洽的，並不是處處吃虧讓步的人，而是懂得維護自己的權利，做得恰到好處的人。

克瑞娜是個膽小的女孩，在和人交往時，她總是吃虧的一方，她不懂得怎樣維護自己的利益，無論別人說什麼，她都只會說「是」。這樣一來，欺負她的人就越來越多。

她有一個霸道的男朋友，她的一切都要由他來安排，有時克瑞娜稍有反對，男朋友一瞪眼，她馬上就屈服了。她的朋友們也很專制，她們認為克瑞娜只適合穿素淨的衣服，因此她們幫克瑞娜選了很多灰的、白的、黑的衣服，儘管克瑞娜很喜歡色彩鮮豔的服裝；在和同事打交道時，克瑞娜更是缺少膽量，在公司裡每個人都可以任意指揮她……總之，克瑞娜不敢與人抗爭，不知該如何與人打交道，她習慣唯命是從，儘管她也很討厭這樣的自己，卻不知道該如何改變這一切。

克瑞娜應該明白，人人平等，她應該有自己的想法，而不是委曲求全，處處順著別人的意思。很多人在社交中習慣於依從別人的意見，甚至不惜犧牲自己的利益，這種習慣所產生的直接後果就是使你被人欺負，不受人尊重，因此我們必須克服這個習慣，自信地宣示你的權力。

馬丁在和售貨員打交道時總是缺乏膽量。由於害怕售貨員不高興，他常常買回自己不想要的東西。

他正在努力使自己變得更果斷一些。一次，他去商店買鞋，看到一雙自己喜愛的鞋，就告訴售貨員，他要買下這一雙。但是，正當售貨員把鞋裝進鞋盒時，馬丁注意到其中一隻的鞋面上有一道刮痕。他抑制住自己當下萌生的不去計較的念頭，說道：「請給我換一雙，這隻鞋上有刮痕。」

「好的，先生，這就給您換一雙。」

這個時刻對於馬丁一生來說是一個轉捩點，他開始鍛鍊自己果斷行事。新的社交方法的報償遠遠超過了買到一雙沒有刮痕的鞋子。他的上司、他的妻子，以及孩子和朋友們都感覺到了，他變成了一個新的馬丁。他不再是一味順從。馬丁不僅經常地得到自己想要的東西，而且還獲得了別人的尊敬。

人際交往中，我們必須堅持自己的立場，改正退讓的習慣，把你的損失和受到傷害的事實列出來，這樣你才能避免下一次的傷害。久而久之形成習慣，當你保護自己的東西時，別人也會順理成章地尊重你的所有權，最終避免了許多無謂的傷害。當然，強定立場並不代表讓你去占別人的便宜，侵犯他們應得的權利。

反之，你若讓別人占你的便宜，不僅失去維護自己權利的能力，也削弱了那種站出來爭取你應得權利的尊嚴。這並不是說人不該慷慨大方，而是應該有意識的，絕不輕易忽視自己的權利。假如一個人因不向別人讓步，卻又沒有慷慨的條件和資格，最終既失去了應得的權利，又縱容他人傷害了自己。

如果你已經形成了委屈退讓的習慣，該怎樣糾正它呢？請記住以下四點：

1.斬釘截鐵地說話。即使是在可能會顯得有些唐突的場所，請對服務員、售貨員、陌生人、出租汽車的司機說話，對蠻橫無禮的人以牙還牙。你必須在一段時期內克服你的膽怯和習慣心理。你必須心甘情願地邁出這第一步。

2.不再說那些招引別人欺負你的話。「我什麼都無所謂」、「我可沒什麼能耐」，或者「我從來不懂那些法律方面的事」，諸如此類的推託之辭，就像是為其他人利用你的弱點開了許可證。

3.對盛氣凌人者以牙還牙，冷靜地點出他們的錯誤。當你碰到吹毛求疵、好插嘴、強詞奪理、令人厭煩，以及其他類似欺壓人的人，冷靜地點出他們的行為錯誤。你可以用諸如此類的話聲明：「你剛剛打斷了我的話」或者「你埋怨的事永遠也變不了」。這種策略是非常有效的教育方式，它告訴人們，他們的舉止是不合情理的。你表現得越平靜，對那些試探你的人越是直言不諱，你處於軟弱可欺的地位上的時間就越少。

4.告訴人們，你有權利支配自己的時間去做自己願意做的事。從繁忙的工作中或是熱鬧的場合中脫身休息一下是理所當然的。把支配自己休息和娛樂的時間視為是無可厚非的，是不容他人侵犯的正當權益。

7 大聲說「不」

面對沒法做到的事，或你根本沒有時間去幫忙的事，要勇敢地說「不」。如果總是習慣於承諾辦不到的事情，太顧慮面子問題，樹立無法達成的目標，會使自己陷入泥淖，也會給別人帶來麻煩。

向光和楊亮同住一個宿舍，向光有一台電腦，楊亮沒有。向光打字還不太熟，速度很慢，每次輸入一篇文章都要花上很長一段時間。

一次，老師交代寫一篇論文，並要求交列印稿。楊亮用稿紙寫完後，對向光說：「你能不能幫我打一下字？」

向光滿口答應，但他光寫自己的論文都來不及了，根本沒有多餘的時間幫楊亮的論文打字。結果幾天後，楊亮催他：「你趕快把我的論文打出來，我還要修改。」

向光說：「好，等我把自己的論文寫完。」

等到交稿的前一天，向光還是沒有把楊亮的論文打出來，楊亮很不高興：「明天就得交論文了，你怎麼還沒打好我的論文？」

向光正手忙腳亂地整理自己的論文，沒好氣地說：「我自己的都沒打出來，怎麼打你的？」

楊亮聽了更生氣：「早知道這樣，你當初就不該答應我，你這不是害了我？」

向光也火了：「我是不好意思拒絕你，誰想到你這麼白目，明明看到我自己都來不及了，還不另外想辦法。」

從此，向光和楊亮分道揚鑣，也不住同一間宿舍了。

向光礙於面子，羞於說「不」，答應了自己力所不及的事，因此和楊亮鬧翻了。生活中，像這樣的事情隨處可見，很多人因為不習慣拒絕別人，因而給自己惹了一大堆麻煩，情況變得更糟。如果他們能在一開始就拒絕別人，情況就會大不同。

英國作家毛姆在小說《啼笑皆非》中講過這麼一段耐人尋味的故事：一位小人物一舉成為名作家，新朋老友紛紛向他道賀，成名前的門可羅雀同成名後的門庭若市形成了鮮明的對比。毛姆為我們描寫了這樣一個場面：

一位早已疏遠的老朋友找上門來，向你道賀，怎麼辦？是接待他還是不接待他？按照本意，自己實在無心見他，因為一無共同語言，二來浪費時間；可是人家好心好意來看你，閉門不見似乎說不過去。於是只好見他了。見面後，對方又非得邀請你改日到他家去吃飯。儘管你內心一百個不樂意，但盛情難卻，你不得不佯裝愉悅地應允了。在飯桌上，儘管你沒有敘舊之情，可是又怕冷場，於是又得強迫自己無話找話。這種窘迫可想而知。

來而不往非禮也，雖然你不再願意同這位朋友打交道，但你還是不得不提出要回請朋友一頓。為了「面子」，你還得苦心盤算，究竟請這位朋友到哪家飯店合適呢？去一流的大酒店吧，你擔心你的朋友會疑心你是要在他面前擺闊；找個二流的吧，你又擔心朋友會覺得你過於吝嗇。

既然如此，何不在一開始就拒絕別人呢？這樣你也就不必左右為難了。所以生活中，對於別人的請求，你要能分清情況，逐漸培養自己對於無能為力的事、不合時宜的事果斷拒絕的習慣。

呂松從外地來都市做生意，租了一套二居室的樓房。一天，一位同鄉找上門來。呂松和這位同鄉並不熟，對同鄉的來訪有點意外。他問同鄉：「你怎麼會知道我的住處？」

同鄉說是從呂父那裡要來的。呂松熱情地請同鄉吃了飯，飯後同鄉提出能不能先在他這兒住一段日子，等找到房子就搬走。呂松當下拒絕了：「不行，我很忙，沒時間照顧你。」

同鄉說：「我不需要你的照顧，我只是在你這住幾天。」

呂松說：「可這是我的房子，我不能把它交給其他人。」

同鄉非常不滿地走了。不久，呂松從家鄉朋友處得知這位同鄉因販毒正被通緝。呂松感到自己當初拒絕得對。

拒絕親戚朋友可能更難開口，但要清楚對方提出的要求是否合理，如果不合理，你則要明確乾脆地拒絕。既然對方能夠輕鬆地提出，你又何嘗不能自然地說「不」呢？

只要拒絕得對，誰也沒有理由指責你。我們應該像故事中的呂松一樣，該拒絕的時候就果斷拒絕，否則會害了自己。

當然在拒絕別人時，也要多多考慮對方可能產生的反應，要有策略。婉轉地拒絕，對方會心服口服；如果斷然拒絕，對方則會產生不滿，甚至懷恨、仇視你。所以，一定要記住，拒絕對方，盡量不要傷害對方的自尊心。要讓對方明白，你的拒絕是出於不得已，並且感到很抱歉、很遺憾。

拒絕總是令人不快的。「委婉」的目的無非是為了減輕雙方，特別是對方的心理負擔，並非玩弄「技巧」來捉弄對方。特別是上級、師長拒絕下級、晚輩的要求，不能盛氣凌人，要以同情的態度、關切的口吻講述理由，使之心服。在結束交談時，要熱情握手，熱情相送，表示歉意。一次成功的拒絕，也可能為將來的重新握手、更深層次的交際播下希望的種子。

8 別瞧不起人

輕視別人是影響人際關係的重要因素之一。當你輕視別人時，別人同樣會輕視你。而且在被你輕視的人中，極有可能出現日後決定你命運的關鍵性人物。所以請克服輕視別人的習慣，尊重和善待每位你接觸到的人。

楊某是個很出色的業務員，口才特別好，一次在展示會上，認識了一個貿易公司的經理，他馬上抓住這難得的機會展開推銷攻勢。他詳盡地介紹自家公司刮鬍刀的功能，貿易公司經理聽得直點頭，可是楊某在這時卻犯了一個致命性的錯誤：貿易公司的職員來找經理說件事，可楊某竟然連聲招呼都沒跟對方打，只是冷淡地看了對方一眼。

貿易公司的經理讓楊某先回去，兩天之內會給他答覆。楊某自信滿滿地等著喜訊，沒想到對方打來電話來謝絕他。原來楊某冷落的那個職員正是貿易公司的採購員，因為生氣於楊某的藐視，當經理問他楊某公司生產的刮鬍刀如何時，採購員淡淡地說了句：「好是好，就是不耐用，容易壞。」經理聽了這話就打消了大量購買的打算。而楊某始終也沒弄明白問題出在哪。

楊某認為那個採購員只是個小職員，因而小看他，結果人家一句話就讓他的所有努力前功盡棄。每個人都有他的用處，因此，在社交中，千萬不要養成輕視別人的習慣，平等待人，你以為的小人物很可能會幫你一把；小看他，說不定什麼時候他會捅你一刀，甚至毀了你。

人際交往中，我們往往願意接近那些權勢大、地位高的顯赫人物，卻不把小人物放在眼裡。但事實上，能對我們產生重大影響的卻常常是那些不起眼的小人物，平平凡凡的普通人。

戰國初期，魏國是最強大的國家，這和君主魏文侯的賢明是分不開的，他最大長處是禮賢下士、知人善任，器重和尊敬品德高尚又具有才能的人。

當時，魏國有個段干木德才兼備，名望很高，隱居在家不肯出來做官。魏文侯聽說了他的才幹之後，非常想向他請教治理國家的方法。有一天，他坐著車子親自到段干木家去拜訪，段干木聞聽魏文侯來了，趕忙翻牆跑了，魏文侯只得怏怏而回。之後他又接連幾次去拜訪，可段干木都不肯相見。魏文侯不僅沒有覺得他不可理喻，反而對他更加仰慕，每次乘車路過他家門口，都要從座位上站起來，扶著馬車的欄杆，佇立仰望，表示敬意。

左右的人對魏文侯的行為感到不解，說：「段干木也太不識抬舉了，您幾次訪問他，他都避而不見，您還理他做什麼呢？」

魏文侯聽了搖搖頭說：「段干木先生不趨炎附勢，不貪圖富貴，品德高尚，學識淵博，這樣的人，我怎麼能不尊敬呢？」

後來，魏文侯乾脆不乘車馬，不帶隨從，徒步走到段干木家裡，這次終於見到他。魏文侯恭恭敬敬地向段干木求教，段干木被他的誠意所感動，替他出了不少好主意。

或許有人對魏文侯作為一國之君如此禮遇段干木這樣的小人物的做法感到不解。事實上，這正是魏文侯招攬人才的明智之舉。魏文侯拜段干木為師的事傳開之後，人們都知道魏文侯禮賢下士、器重人才，於是很多博學多聞的政治家如翟璜、李悝，軍事家吳起等先後投奔魏文侯，幫助他治理國家，使魏國成為當時最強大的諸侯國之一。

許多人在處理人際關係時，常常表現為三種形式：對上級極為恭順，以保其寵；對同僚詆毀排擠，以防爭寵；對下屬盛氣凌人，以顯其寵。這其實是很不明智的做法，因為這樣一來勢必樹敵太多，使自己陷於孤立。殊不知小卒一旦過河得勢，車馬未必能擋。看似平凡的小人物，往往可以助大人物成就大事，其作用偉人聖賢亦難匹敵。

所以，我們應該針對所有的人平等交往，不因對方的名聲、職位、身分、地位而異，我們看重的不能只是這些外在的東西，而是一個人的內涵、他的人品、他的內在潛能，一旦與這樣的人結緣，或者可以成為人生的導師，在徬徨時得到指點；或成為你的摯友，可以共同歡樂，分擔憂愁；或在你最孤立無援時得到一臂之助。

不要輕視任何人，每個人都有他的優點和特長，說不定你的弱項正是他們的強項，說不定關鍵時刻給你幫助最大的是平時最不起眼的朋友。不要輕視一個人的職業，每一份職業都有它的作用。整個社會是一架龐大的機器，那麼任何一個不起眼的職業就是小小螺絲釘，一旦缺少的話，機器遲早發生故障。你的生活離不開別人的細小工作，你吃的每一口飯，你穿的每一件衣服，可以說你的一切的一切，都凝聚著無數人無法計量的細微工作。

9 注重社交形象

社交無小事。社交中，個人形象不是無關緊要而是至關重要。人們從一個人的外在形象上，往往能檢驗出一個人真正的品格和修養。因此，那些慣於忽略個人形象的人，其實就是在自毀前程。

生活中，很多人都有不注意個人形象的壞習慣，或許衣著邋遢，或舉止粗魯隨便，因此無法獲得別人的認同，甚至因此失去很多機會。

有家工廠為了從德國引進一條生產先進無菌輸液軟管的流水線，做了長期的艱苦努力，終於說服對方，且德方代表也來到中國，就差在合約上正式簽字。可是，就在步入簽字會場的那一剎那，中方廠長突然咳了一聲，一口痰湧了上來。他環視了一下，一時找不到垃圾桶，便隨口把痰吐在牆角，還用鞋底蹭了蹭。那位嚴肅認真的德國人看見這個情況，不由得皺了皺眉。顯然廠長不注意形象的行為引起了他深深的憂慮：輸液軟管是專供病人輸液用的，必須絕對無菌才能符合標準，可西裝革履的中方廠長居然隨地吐痰，想必該廠工人的素質必定不高，如此生產出來的輸液軟管怎能保證絕對無菌？於是當下斷然拒絕在合約上簽字──中方將近一年的努力在轉瞬間前功盡棄。

在我們身邊也有不少類似的情況，我們應從中吸取教訓。

楊珊和張雪是同一天來到這家知名廣告公司應聘美編，單從兩個人的作品上來看，技術不相上下。不過楊珊在思路方面略勝一籌，因為她已經工作兩年，其經驗相對於才出校門的張雪自然要豐富一些。兩個人同時被通知錄取，試用三個月，最後只能留下一個。

楊珊上班時從來都是一身T恤短褲的打扮，趿著拖鞋，也不顧電腦室的換鞋規定，屋裡屋外就這一雙鞋，還振振有詞地說：「我以前公司的人都這樣。」不管是在工作臺前畫圖，還是在電腦前操作，只要工作做得順手，一高興起來還會把鞋給踢飛。剛開始，同事們還把她的鞋藏起來，跟她開玩笑，後來發現她根本不在乎，光著腳一樣到處跑。

這是張雪的第一份工作，多少有點拘謹，穿著也像她的為人一樣，總是一身淡雅的套裝，她從來不用怪髮型、煙熏妝來標榜自己是搞藝術的，只是在小飾物上展示出不同於一般女孩的審美觀，說話溫溫柔柔的，很可愛。

有一天中午，電腦室的空氣中忽然飄出腥臭味，弄得辦公室裡的人互相猜疑的觀察對方的腳，想弄清到底誰是「發源地」。後來，大家發現窗臺下面有嗦嗦的響聲，原來那裡放著一個黑色塑膠袋，膽子大的人打開來一看，裡面裝的是一袋海鮮。眾人的目光不約而同地射向楊珊，沒想到這小妮子坦坦蕩蕩地說：「小題大作，原來你們是在找這個。嘿，這不能怪我，這裡的海鮮一點都不新鮮，跟我們家鄉差遠了。」

這時張雪端來一盆水：「楊珊姐，把海鮮放在水裡吧，我幫妳拿到走廊去，下班後妳再裝走。」

楊珊一邊紅著臉，一邊把袋子拎走。

結果呢，試用期才進行一個半月，就決定讓楊珊走人，儘管她的方案比張雪做得要好，但是老闆不想因為留下這樣一個人，而得罪一大批其他職員。楊珊臨走前，老闆對她說：「妳的才氣和個性都不能成為妳破壞別人心情的藉口，也許妳更適合當一個SOHO族，但要在大公司裡與人相處，衣著得體和合作精神是十分重要的。」

可以說，楊珊會失去這份工作，完全是由於她不注意形象的習慣造成的。很多時候，形象是一個人的門面，如果連自己的門面都不珍惜，也就失去了一次成功的機會。

10 熱情不能濫用

待人過於熱情，實際上卻是在強拉近雙方的距離，這樣做易引起對方的不悅，惹人討厭。

A女士是個熱情的人，誰有什麼事只要說一聲，她立刻趕去幫忙。她常說：「我嘛，別的不敢說，就是愛幫助人。」熱心是一件好事，不過很多時候，她身邊的人並不喜歡她的熱情。

東院的小吳已經年近三十，可就是不找對象，A女士幾次催小吳的媽媽說：「這孩子不錯，怎麼不幫他介紹女朋友！」

小吳的媽媽只是搖頭嘆氣：「這事過一陣子再說吧！」

吳媽媽擺明了讓她別管，但熱心的A女士卻沒弄懂人家的意思。她煞費苦心找了一大堆適合的女孩的照片，星期天一大早就趕到小吳家讓他挑選。小吳的臉色很難看，勉強說：「請您帶走吧！我不想交女朋友。」但A女士卻執意讓他選幾個，最後惹得小吳吼道：「您有什麼資格管我？馬上出去，我家不歡迎妳！」

A女士灰頭土臉的走了。事後才知道，小吳已經談論婚嫁的女友出車禍死了，他現在根本沒心情交女朋友。

像這樣的事情還有很多，A女士也曾懊惱地說：「我怎麼總是吃力不討好？難道熱心也有錯嗎？」

熱心沒錯，可是對人熱心過度就是錯。A女士總是熱情過度，不會看情況，結果她自認為是熱心做好事，但她周圍的人卻都大呼吃不消，看來過度熱心實在不是一個好習慣。

在與人交往時，一個冷冰冰的人不會受歡迎，但過度揮灑自己的熱情也會惹人厭煩。

中國人天性熱情，提倡關心他人比關心自己為重。於是，生活中很多人就養成了過度熱情的習慣，總是不分場合、不分對象地揮灑自己的熱情，這實在是失禮的行為。

與中國人的熱情不同，外國人大都強調獨立。所以，如果你對他們過度關心，他們不會認為你熱情，而是干預了他們的自由。

有位英國女士在中國待了三年，中文說得不錯。有位中國朋友熱情邀請她去自家做客，卻之不恭，英國女士也就答應了。進門後，中國朋友又是拿水果又是倒茶的，並讓自己的母親陪客人聊天，她則進廚房炒菜去了。

老太太也很熱情，拉著她的手問：「妳多大了啊？」英國女士愣了一下，勉強回答說，自己生於上世紀七〇年代。老太太掐指一算，繼續問：「那妳三十多歲了吧?結婚了嗎？」

英國女士面帶不悅地回答：「沒有。」

老太太一拍手，「那怎麼行啊!再不結婚就太晚了，趕緊找一個，咦?妳是不是有什麼難言之隱啊！」

英國女士再也坐不住了，她漲紅了臉起身說：「我的身體很健康，結不結婚是我的自由，對不起，我還有事先走了，麻煩您轉告您女兒吧！」話說完就走。

老太太目瞪口呆地坐在那裡。

生活中，很多外國人都對中國人的熱情大呼「吃不消」，他們認為過分的熱情侵犯到了他們的隱私。所以如果和外國人交往的話，不妨談談天氣美食，太過熱情的關心就不必要了。

生活中因過分熱情而引起的尷尬事還不少。

小趙工專畢業後被分到某機械廠當工人，在他實習的三個月裡，帶班師傅對他精心指導，關愛備至。等實習期結束後，為了感謝師傅的關愛，小趙一家決定請師傅吃頓飯。一家五口和小趙師傅一起到有名的楚天酒樓吃飯，吃得正熱鬧時，小趙發現師傅頭上的帽子還沒摘下，就關心地說：「師傅，把帽子摘下來吧，這裡很暖和。」

師傅連忙擺手說：「不，不！我身體不好，還是戴著吧！」

小趙急了，「那怎麼行？不摘帽子，會吃得滿頭大汗，待會兒出去風一吹容易著涼。」

師傅還是堅決不肯摘帽，而他們這桌的喧嘩引起別桌的人往這邊看。小趙見師傅說什麼也不肯摘帽，倏地站起身，一下子把師傅的帽子摘下來，然後他傻眼了，師傅的頭髮一半很濃密，一半卻只有稀稀落落的幾根，原來師傅小時候頭部被開水燙過，燙傷的那一半長不出頭髮，因此才戴帽子遮掩。在幾十雙眼睛的注視下，小趙迅速又把帽子戴回師傅頭上，結果大家尷尬極了，沒坐幾分鐘，師傅就稱身體不適起身走了。

荷馬曾說過：「催趕想多待一會兒的客人和挽留告辭的客人，同樣都失禮。」人想要做到好客有禮，就應該對臨門的賓客表示歡迎，並在他起身告辭的時候將他送出家門。小趙卻沒能明白這個道理，因為過度熱情，把熱鬧的聚會變成了一場災難。

第三輯

處事好習慣

避免老套的處世方式，才不會拖累成功的步調

抱持不合乎現實的處世習慣，
無法適應激烈競爭，
也無法應對日趨複雜的人際關係，
輕則吃虧上當，重則任人宰割。

1 努力適應無法改變的事

處世是一門靈活應變的學問，不知變通的習慣只會限制處世的靈活性。所以，改變你所能改變的，適應你不能改變的。

李明是個開朗活躍的大男孩，畢業後，考上公務員，被分配到某社區工作。這份工作令他失望極了，因為社區辦公室死氣沉沉，這裡年齡最小的女性二十八歲，剛休完產假回來。男性工作人員就更不用說了，他的頂頭上司三十三歲，是除了他之外最年輕的了。

在開始的幾天，他還想努力把辦公室的氣氛弄得活躍點，但很快他就發現這太難了，他的話題沒人感興趣，他講的笑話別人都覺得很冷，有幾次他嗓門大了點時，五十多歲的老主任特意告訴他：「上班要有上班的樣子！」

他覺得自己實在不適合這份工作。媽媽知道他的苦惱後，開導他說：「你想改變工作氣氛的想法是好的，可如果實在辦不到你也不能鑽牛角尖，在社會上處世就是這樣，無法改變的就要學會適應。」

李明按照媽媽的話做了一段時間，情況果然好多了！他慢慢適應社區的工作方式，他的能力也得到了上司的認可。

當李明鑽牛角尖時，他對工作提不起興趣，認為同事面目可憎，但當他改變了不知變通的習慣時，他卻完全適應了自己的工作。很多時候，影響我們成功的並不是事情的本身，而是我們面對障礙不知變通的習慣。我們應該明白，是我們要去適應社會，而不是讓社會來適應我們。

在某城鎮的一條街上，住著兩戶人家。一家是富裕的商人，一家是皮匠。富人家的屋子非常氣派，夏天坐在走廊上，讓微風吹著，特別清爽。皮匠家的房子可差遠了，低低矮矮的不說，窗子小得只能進一隻貓，門低得人要低著頭、彎著腰才能進去。富人有那樣的好房子，但他無法在走廊上待上十分鐘，因為他實在無法忍受皮匠家裡飄過來的難聞氣味。

皮匠整天都要幹活，於是，一張又一張的驢皮、馬皮、豬皮、狗皮……都運到他家。他操起刀，一張一張地刮，然後用配好的料一張一張地鞣。髒水像小河一樣從皮匠的屋子流出。無論誰走過那裡都緊緊捂住鼻子，否則會被熏得嘔吐。

富人在這種臭氣中過日子，真是難受死了。於是，他多次來到皮匠的家裡，對他說：「你不能再這樣做下去了，如果你不搬家，我總有一天要死在這裡。我這裡有一個金幣，你拿了它快點搬家吧！」

皮匠知道，無論到哪，人們都不會歡迎他的。於是，他對富人說：「老爺，我不要你的金幣，不過請你放心，我已經找好了房子，要不了幾天我就會搬走，你放心好了。」

一天過去了，兩天過去了。每當富人來催，皮匠都是這幾句話。

隨著時光的流逝，皮匠家的這股臭味彷彿變了，因為富人來催他搬家的次數越來越少。後來皮匠竟發現，富人每天坐在走廊上，又是喝酒，又是吃肉，再也不讓皮匠為難了。

富人的變化使皮匠十分納悶。有一天，皮匠見到了富人，問他：「老爺，現在我們這條街有什麼變化嗎？」

富人說：「沒有啊，我覺得住在這裡十分舒服。」

原來富人已經適應這種味道了。

入芝蘭之室，久而不聞其香；入鮑魚之肆，久而不聞其臭。一個不知變通、沒有適應能力的人是很難在社會上立足的。如果遇到令自己不滿的情況，就努力去改變；但如果實在改變不了的話，那就只能像這個富人一樣去適應了。

在美國有一所非常知名的高等學府，它的入學考試需要平均九十分以上，它一門課的學費，幾乎是普通家庭整月的開銷，它的學生常穿著印有校名的T恤在街上招搖。

但是這所學校有個嚴重的困擾，因為它緊鄰一個治安極壞的貧民區，學校的玻璃經常被頑童打破，學生的車子總是失竊，學生在晚上被搶不是新聞，女學生甚至遭到被強暴的命運。

「這些人太可惡了！不配和我們這麼偉大的學校為鄰。」董事會議一致通過，「把那些惡鄰趕走！」方法很簡單，以學校雄厚的財力把貧民區的土地和房屋全部買下來，改為校園。

於是校園變大了。但是問題不但沒有解決，反而變得更嚴重，因為那些貧民雖然搬走，卻只是向外移，隔著青青草地，學校又與新貧民區相接。加上擴大的校園難於管理，治安更糟了。

董事會這下真不知該怎麼辦，請來當地的警官共謀對策。

「當我們與鄰居相處不來時，最好的方法不是把鄰人趕走，更不是將自己封閉，反而應該試著去了解、溝通，進而影響、教育他們。」警官說。

董事們相對無言，啞然失笑，他們發現身為世界最知名學府的董事，竟然忘記了教育的功能。

他們設立了平民補習班，送研究生去貧民區調查採訪，捐贈教育器材給鄰近的中小學，並輔導就業，更開闢部分校園為運動場，供青少年們使用。沒幾年，這所學校的治安環境已經大大改善，而鄰近的貧民區，更眼看著步入了小康。

置身於一個不好環境，光是靠抱怨是改變不了的。要嘛去改變它，要嘛就去適應它，除此之外，別無選擇。

處世不能鑽牛角尖，不知變通的習慣會給你的生活、工作帶來極其不利的影響。怨天尤人是沒有用的，對無力改變的事我們只能努力去適應。

2 吃虧就是占便宜

不肯吃虧就是在拒絕機會，路會越走越窄，也很難有「大便宜」到手。因此生活中不能事事爭強，處處占上風，試著吃些小虧，這樣才能把「占大便宜」的主動權，握在自己手中。

一位胖大嫂在公車上為了搶座位和一個小姐吵了起來。

「妳瞎了啊，這個位置是我先看到的！」

年輕小姐一點也不讓步，「妳先看到的？看到有什麼了不起了，誰先搶到就是誰的！」

胖大嫂一聽更氣，「搶？虧妳打扮這麼時髦，說話卻這麼沒氣質，我看妳以後怎麼嫁得出去！」

聽到這話，那位小姐急了，站起來就推了胖大嫂一把，車上的乘客一看怎麼動起手，連忙上來勸解。可這位胖大嫂外號叫「不吃虧」，被人推了一下怎能不還手，於是衝上去和那位小姐對打了起來。

回家後，丈夫吃驚地看著胖大嫂蓬亂的頭髮和脖子上的傷痕，問：「妳怎麼了？」

胖大嫂往沙發上一坐，得意地說：「在公車上和一個臭女人打架！不過我可沒吃虧，那個女人的臉都被我抓花了，看她明天怎麼上班！」說完一摸脖子，突然驚叫起來，「項鏈？我的項鏈哪去了！」她的項鏈不知什麼時候被拽掉了，那可要兩千多塊錢呀！胖大嫂嚎啕大哭，不肯吃虧的她還是吃虧了。

胖大嫂自詡「不吃虧」，一定要處處占人家便宜才甘心，但到最後卻吃了大虧。生活中絕大多數的人都有這種不肯吃虧的習慣，無論做什麼都要先權衡一下得失，有便宜就往前衝，可能吃虧的話就躲得遠遠的。然而事實證明，不肯吃虧的人往往會吃虧，而敢於吃虧的人卻可以占到便宜。

戰國時，梁國與楚國相臨。兩國一向互有敵意，在邊境上各設界亭。兩邊的亭卒在各自的地界裡都種了西瓜。梁國的亭卒勤勞，鋤草澆水，瓜秧長得很好；楚國的亭卒懶惰，不鋤不澆，瓜秧又瘦又弱，不忍卒睹。

人比人，氣死人。看著對面梁國的瓜地，楚亭的人覺得失了面子，在一天晚上，乘月黑風高，偷跑過去把梁亭的瓜秧全都扯斷。梁亭的人第二天發現後非常氣憤，報告給縣令宋就說：「我們要以牙還牙，也過去把他們的瓜秧扯斷！」

宋就說：「楚亭的人這種行為當然不對。別人做得不對我們不能因此就跟著學，那樣太小氣了。你們照我的吩咐去做，從今天開始，每晚去給他們的瓜秧澆水，讓他們的瓜秧也長得好。而且，這樣做一定不要讓他們知道。」

梁亭的人聽後覺得有理，就照辦了。

楚亭的人發現自己的瓜秧一天比一天好起來，仔細觀察，發現每晚梁亭的人都悄悄過來替他們澆水。

楚國的縣令聽到亭卒的報告，感到十分慚愧又十分敬佩，於是上報楚王。楚王深感梁國人修睦邊鄰的誠心，特備重禮送給梁王以示歉意。結果這一對敵國成了友好鄰邦。

生活中，人們如果願意吃些小虧，那麼以後也必會有大便宜可得。

就拿鄰居相處這個我們常常遇到的事來說，人與人之間沒了成見，彼此和睦的時候，雞毛蒜皮，大家可以一笑置之。而一旦有了成見之後，言者無心聽者有意，簡直是風聲鶴唳、草木皆兵。對方關門重了，咳嗽的聲音大了，洗衣服的水流過來了，往往都是惹你生氣的根源，因為你會把這些事統統看作是故意的。

鄰居相處，小小的誤會在所難免，但千萬別一時氣憤吵了起來，爭吵一旦開始，以後就處處都能引起吵架，結果鬧得雞犬不寧，成為生活上的一大威脅。遇事忍一口氣，大事化小，小事化無。忍耐一時並不難，而且以後的好處是無窮的。

「吃小虧占大便宜」初聽起來似乎有些不合理，可如果鄰里之間互相謙讓，都捨得吃點小虧，維持和睦的生活氛圍，何樂而不為呢？在工作中，也應該學會吃點虧。

有個年輕人大學剛畢業就進入出版社做編輯，他的文筆很好，更可貴的是他的工作態度。那時出版社正在進行一套叢書的編輯，每個人都很忙，但老闆沒有增加人手的打算，於是編輯部的人也被派到發行部、業務部幫忙，但整個編輯部只有那個年輕人接受老闆的指派，其他的都是去一兩次就抗議了。

他說：「吃虧就是占便宜嘛！」

事實上也看不出他有什麼便宜可占，因為他要幫忙包書、送書，像個苦力一樣！他真是個可隨意指揮的員工，後來又去業務部，參與直銷的工作。此外，連取稿、跑印刷廠、郵寄……只要開口要求，他都樂意幫忙。

「反正吃虧就是占便宜嘛！」他這麼說。

兩年過後，他自己成立了一家出版公司，做得還不錯。

原來他是在吃虧的時候，把一家出版社的編輯、發行、直銷等工作都摸熟了。他真的是占了便宜啊！

現在，他仍然抱著這樣的態度做事。對作者，他用吃虧來換取作者的信任；對員工，他用吃虧來換取他們的積極性；對印刷廠，他用吃虧來換取品質……由此看來，他這下真的占到了便宜。

吃虧就是占便宜！尤其是年輕人更應該記住這一點，這是你積累工作經驗，提高自己做事能力，擴大人脈的最好辦法。

一個人只要願意吃小虧，敢於吃小虧，不去事事占便宜、討好處，日後必有大「便宜」可得，也必成「正果」。相反，那種習慣處處占便宜的人、不願吃虧的人，到頭來反而會吃大虧。

3 揣著明白裝糊塗

太過老實認真，有時會使事情陷入僵局。而裝糊塗既沒得罪人，又不必做違心的事，是一種明哲保身的處世習慣，一旦把握了這一習慣，你就會在處世時獲得許多益處。

不大不小的官是最難當的，對此李科長深有體會，下屬常常給你氣受，上司又時不時交代些「不可能的任務」，要在這夾縫中生存還真不容易。幸好李科長有一樣法寶：適時裝糊塗。

一天，副局長給李科長打了個電話：「老李呀，有件事想請你幫個忙。我的侄子現在在家沒工作，聽說二小缺老師，我這侄子教小學還沒問題，你看看能不能幫著安插一下？」

李科長知道副局長侄子是個小混混，家裡花錢送他上大學，卻被退學。即使他水準夠，這樣做也不符合政策；可是副局長拜託的事又不能一口回絕，該怎麼辦呢？李科長思考了一下痛快地回答：「行啊！我聽說令侄是大學畢業，只要條件符合事情就好辦，我跟二小校長打聲招呼，您把令侄的履歷、畢業證準備好送過去就行了，這是符合政策的事，我不過是做個順水人情罷了。」他明知副局長的侄子沒畢業，卻裝作不知情，嘴裡左一個畢業證書，右一個條件符合的，弄得副局長有點手忙腳亂。

副局長囁嚅了幾句，然後說：「這事不急，我還沒和他商量呢！誰知他願不願意當老師。」匆匆掛上電話，以後再也沒跟李科長提過給侄子找工作的事。

李科長這招實在是高，通過裝傻，既沒得罪人，又不必做違心的事。生活中，很多人習慣表現得過於精明，這種習慣對於處世來說反而無益，如果你能夠把自己的聰明藏起來，表現得糊塗一點，那麼無論遇到怎樣複雜的情況你都可以輕鬆應付。

第二次世界大戰，美國小羅奇福特領導的小組，在中途島之戰前成功地破譯了日本人的密碼，得到了日軍海上作戰部署的確切情報，並針對性地進行了作戰準備。

誰知，就在這個節骨眼上，嗅覺靈敏的美國新聞記者得到了這一祕密情報，竟然不知天高地厚作為獨家新聞，在芝加哥一家報紙上給報了出來。這樣一來，隨時都可能引起日本人的警覺而更換密碼和調整作戰部署。

發生了如此嚴重洩露國家戰時情報的事件，作為美國戰時總統的羅斯福卻對此置若罔聞，既沒有下令追查，也沒有興師問罪，更沒有因此而調整軍事部署，而是裝作一概不知的糊塗樣。結果事情很快就煙消雲散，就像什麼事也沒發生一樣，根本沒有引起日本情報部門的重視。在中途島戰役中，美軍靠「糊塗」得到了大便宜。

所以，處世時還是學學裝傻扮糊塗比較好。一個人如果表現得過於精明，那麼必將一事無成，許多時候裝得遲鈍點、傻一點、糊塗一點，往往比過於敏感更有利。

富有經驗的人都知道，待人處世中與上司打交道最不容易，因為上司操縱著你的命運，弄不好，你的前途就全玩完了。

所以與上司交往最好的技巧就是「適時裝糊塗」。這也就是說，自己心裡明白，卻假裝糊塗，不去認真計較。

同樣，作為領導者，也應該培養自己裝糊塗的習慣。有不少的領導者，對於下屬的一些小問題最感興趣，最愛打聽，也最愛處理。他們不知道，下屬在領導者面前，普遍存在著一種壓抑感和被動感。他們的缺點錯誤，在他們身上發生的不光彩的事，最怕領導者知道。他們的一些問題被領導知道了，雖然本來是小事，但他們不知道領導者當不當小事看，老是擔心。

所以，對那些雞毛蒜皮的小事，要運用糊塗的辦法，懶得去聽，懶得去看，就是請你也不要去。如果聽見了就裝作耳聾，沒聽見；看見了，就裝瞎，沒看見。而且要當作不知情般處之泰然，也從不談及。

對於那些因風俗習慣引起的一些問題，或者婦女們、青年人、老年人之間發生的一些無傷大雅、無關大局的問題，領導者最好不要去過問，知道了也應裝著不知道。如果下屬已經發現你知道了，不能採用「裝不知」的辦法了，則可以採取「裝不懂」的辦法來應付，搖搖手說：「這個我不懂。」並不再追問。

許多人中間互相有暗語，某些暗語下屬最忌領導者知道，因為這些是用來互相取笑的。對於這樣的暗語就是你聽到了，又知道其中的意思，也要裝不懂，即使自己被罵上兩句也要裝傻，甚至還要傻笑幾聲。這樣彼此間會出現一種熱鬧而有趣的氣氛。如果認真去分析，硬要戳破，反而會使氣氛很僵，一點好處也沒有。

糊塗的技巧是一種成功之道，當然這是指小事情的小糊塗。如果一切皆明白於心，恐怕會干擾工作。其實，巧妙地裝糊塗更是一種真聰明，顯示出智慧，不但給各種煩雜的事情塗上潤滑油，使得其順利運轉，也能在生活中充滿笑聲，顯得輕鬆愉快。太過老實認真，有時甚至會使事情陷入僵局。

比如，一次偶然的機會，你發現已婚的上司竟與某女同事大搞婚外情。其實事情並不複雜，你只需裝聾作啞，三緘其口就行了。恰巧，你約了朋友在某餐廳吃晚餐，當你踏入餐廳，卻赫然見到他們，你可一派鎮靜，先環視一下四周，若你的朋友未到，事情就好辦得多，當作找不到人，離開那裡，在門外等你的朋友。即使朋友已坐在餐桌前，你也可走上前，當作有急事找他，與他一起離開那地方，再作詳細解釋。

第二天返回辦公室，對於昨天的「偶遇」一定要若無其事，只管埋頭文件堆。

就算有同事私下和你談有關兩人的事，還是絕口不提為妙。有時候知道的事情太多並不是件好事，尤其是上司的隱私千萬不能透露出去，否則會大禍臨頭。如果能夠假裝糊塗及時替上司掩飾其「痛處」，則有可能被對方引為知己，得到意想不到的回報。

4 別為鋒芒吃暗虧

自恃才能過人，處處賣弄，表現得咄咄逼人，會給對手帶來壓力和不快，對手就會把你視為眼中釘、肉中刺，不擇手段地對你施以明槍暗箭。

高哲是個非常有才華的年輕人，他自己也知道這一點，因此總是一副盛氣凌人的樣子。他在大學時的一個好友曾經對他說：「我們都知道你才華出眾，可也不用總表現得那麼咄咄逼人吧！你真的是學問上的天才，處世中的白痴！」

高哲為朋友的評價而感到惱火，並認為朋友這麼說是因為嫉妒。畢業後，他進入一家大公司，當上了系統工程師，他確實才華過人，僅僅三個多月的時間就開發出一種新型軟體，使公司在語音郵件開發專案上取得重大突破。從此以後，他更得意，更加盛氣凌人了，什麼事他都要管，事事都要爭先。半年下來，除了老闆外，公司上下沒有一個人不討厭他的。漸漸的，同事們開始聯手抵制他；開會沒人通知，他的個人物品有時會無緣無故損壞，到處都是關於他的流言蜚語，沒人願意跟他合作……又過了幾個月，高哲主動辭職了。

高哲朋友對他的評價一點都沒錯，他的處世習慣確實存在很大問題，他竟然連「槍打出頭鳥」的道理都不明白。如果始終改不了盛氣凌人的習慣的話，那麼無論他有多高的才華，也無法找到屬於自己的位置。

一個人自恃才能過人，總是表現得咄咄逼人的話，就會給對手帶來壓力和不快，對手就會把你視為眼中釘、肉中刺，不擇手段地對你施以明槍暗箭。所以，如果想成大事，你必須甩掉盛氣凌人的習慣。

作為一個人，尤其是一個自認為有才華有前程的人，要做到心高氣不傲，既能有效地保護自己，又能充分發揮自己的才華，就要戰勝盲目自大、盛氣凌人的習慣，凡事不要太張狂、太咄咄逼人，並且還應當養成謙虛讓人的美德。這不僅是有修養的表現，也是生存發展的策略。

十八世紀，在美國阿肯色州有一家銀行，因為服務等各方面都做得比較好，吸引了一大批存戶，投資報酬率達到了三七%。這個老闆就以此自傲，揚言三年內要把存戶再翻一番，並嘲笑其他銀行沒有競爭力，早晚要破產。

他的不可一世惹來了很多同行的憤怒，其中有幾家就聯合起來，決心將該銀行搞垮。他們籌資上百萬美元，讓人到該銀行開活期存款，大約開了三千多個戶頭。不到一個星期，這些存戶同一時間去提款，在該銀行大廳大排長龍，同時在外面又大放謠言，說該銀行資金發生問題，因此別的存戶也恐慌起來，紛紛向該銀行提款，結果該銀行因無法兌現只好宣告破產。

我們提倡處世要隱忍，不要一下子展現出你所有的本事，更不要因為有本事而處處賣弄，不可一世只會讓人家拿你當靶子打。如果那個銀行老闆不是表現得太過盛氣凌人，怎會落得破產的下場。所以，我們千萬不要因自己的優勢或長處而自覺高人一等或因此而看不起對手。

5 遇到矮簷就低頭

適時低頭是為了保存自己的力量，走更遠的路，把不利的環境轉化成對你有利的力量。這是一種柔軟，一種權衡，更是高明的處世智慧。

明太祖朱元璋在位時，有一位吏部官員，名叫王朴，曾因直諫，觸犯龍顏而被罷官。不久，又被起用做御史，他馬上評議當時的時政。在朝廷之上，多次與皇帝爭辯是非，不肯屈服。

一日，為一事與明太祖爭辯得很厲害。太祖一時惱怒，命令殺了他。等臨刑走到街上，太祖又把他召回來問：「你改變自己的主意了嗎？」

王朴回答說：「陛下不認為我是無用之人，提拔我擔任御史，為何摧殘污辱到這個地步？假如我沒有罪，怎麼能殺我？有罪何必又讓我活下去？我今天只求速死！」

朱元璋大怒，趕緊催促左右立即執行死刑。

不是說生性耿直不好，但王朴實在是太不開竅了，心中那種傲氣一產生就消失不了，而且越來越旺，連皇帝給他機會都不要。這固然是受愚忠的毒害，但也與他心高氣傲、不懂處世策略有很大關係，尤其在一言九鼎的皇帝面前硬辯到底，以致毫無價值地斷送了自己的性命。

所以，只要是在別人的屋簷下就要低下頭，不用別人來提醒，也不用撞到屋簷才低頭。「人在矮簷下，誰敢不低頭」，遇到矮簷，我們就要主動地把頭低下來，這才是識時務的做法，否則就只能撞個頭破血流，對自己毫無益處。

低下頭，起碼有幾個好處：你很主動地低下頭，不致成為明顯的目標；不會因為頭抬得太高而把矮簷撞壞。要知道，不管撞壞撞不壞，你總會受傷的。

不能因為脖子太酸，忍受不了而離開能夠遮風避雨的「屋簷」。離開不是不可以，但必須考慮要去哪裡。要知道，一旦離開，再想回來就不那麼容易了。在「屋簷」下待久了，就有可能成為屋內的一員，甚至還有可能把屋內人趕出來，自己當主人。

大學生王某是工科學生，畢業後在都市工作，但他嫌公司太冷清，主動要求到基層工作，以便實現他的抱負——開發山裡的礦產資源。剛出校門一個月，王某發現，用來建廠的大部分鋼材被主管拿去送人了。他氣憤地去找主管質問：「你怎麼能拿公司的東西隨便送人呢？」

主管拍了拍王某的肩膀，開導說：「你呀，剛出校門，不懂得人情世故，搞設計不能死摳實際需求量，還必須把一些人為的耗損加進去，這是大學裡學不到的知識。」

王某恍然大悟，不再堅持自己的意見。就這樣他安然度過了自己步入社會的第一個危機。在主管的眼裡，王某能幹又聽話。幾個月後，他被任命為副手。

通過幾年的奔波建廠，王某領悟了不少人情世故。大事不違，小事靈活處理。很自然地在他面前的紅燈少，綠燈多。三年以後，他被提拔為主管。

王某為了不和人硬碰硬，逐漸養成了適時低頭的習慣，這樣一方面堅持著自己的原則和初衷，另一方面走了一條圓通的道路，既實現了自己的價值又為公司達到好業績，這不是兩全其美的事嗎？

低頭肯定不舒服，但事到臨頭該低頭時能低頭也是處世的一種策略。

6 寧得罪君子，不得罪小人

清高是一種令人欽佩的品格，但如果把它應用到處世上就不妙了，一旦養成輕視小人的習慣，輕則前途受阻，重則惹禍上身。因此一定要謹記這條處世原則：不要依附小人，但更不要得罪小人。

大張是個大剌剌的人，心寬體胖，在公司裡人緣還算不錯。由於他頗具正義感，喜歡管閒事，又不留意自己的言行，因此得罪了不少人。同部門韓某是個公認的小人，最愛拍馬匹、瞞上欺下、挑撥離間、亂傳閒話，儘管大家都對他有意見，但因為知道此人有後臺，報復心又強，所以表面上還是和他說說笑笑、維持一般關係。

但大張卻不然，他可一點也不給韓某留面子。有一次韓某過生日，大家都去為他慶生，大張也去了，酒喝得多了一點，他就開始「損」起韓某來。「你今年四十吧，不老不小的過什麼生日！缺錢用就說一聲，你小子就愛耍心機。」

韓某頓時氣得臉紅脖子粗，大家圓場把大張送回家，但韓某從此就恨起大張來。大張工作，韓某就搞鬼；上司有意提升大張，結果韓某找上司「聊」了兩次，這事就沒消息了；大張侄女北上來玩被韓某撞見了，隔天大張有外遇的謠言就傳遍全公司……大張給他整得頭昏腦脹，逢人就說「犯小人哪」！

大張最大的錯誤就是不該輕易得罪小人，結果被小人整治得灰頭土臉。可以說好人是永遠鬥不過小人的，因為小人心狠手辣，不擇手段地算計別人。然而生活中，偏偏有人習慣於充當正義鬥士，輕視小人，得罪小人，這是很愚蠢的做法，從現實來看，這是沒事找事、自找麻煩。

李白是唐代著名大詩人，他才高八斗，文采斐然，但又孤傲清高、放蕩不羈。雖然他滿懷報國熱忱，唐玄宗也看重他的才華，卻始終未能在仕途走下去，更不用說施展身手，大有作為了。原因就在於他習慣於蔑視小人，使得皇帝身邊的關鍵人物受了侮辱，以致受到暗算而丟官。

楊貴妃有閉月羞花之貌，沉魚落雁之容，深得皇帝的寵愛。在一次宮廷酒宴中，李白曾於酒酣耳熱之際，作《清平調》三首，歌頌楊玉環的美貌。詩歌是李白的強項，按說這對他是個難得的機會，可問題就出在李白眼裡只有唐玄宗、楊貴妃這些大人物。他在作這三首詩時，要楊國忠親自為他磨墨，還命皇帝寵信的太監高力士為他脫靴。太監的地位是卑賤的，但得寵的太監就不同了。高力士因此深以為恥，對李白懷恨在心。

李白的三首《清平調》寫得很美：雲想衣裳花想容，春風拂檻露華濃。若非群玉山頭見，會向瑤臺月下逢。一枝紅豔露凝香，雲雨巫山枉斷腸。借問漢宮誰得似，可憐飛燕倚新妝。名花傾國兩相歡，長得君王帶笑看。解釋春風無限恨，沉香亭北倚闌干。

李白在詩中把楊玉環描寫得花容月貌，像仙女一樣。楊玉環十分喜歡，常常獨自吟誦。李白在詩中提到了趙飛燕，這在李白，絕不存在絲毫諷刺的意思，他只是就趙飛燕的美麗與得寵同楊玉環相比較。然而比喻之物與被比喻之物之間不可能是全部特徵都相合，這使懷恨在心的高力士看到了報復的契機。

一天，高力士又聽到楊玉環在吟誦《清平調》，便以開玩笑的口吻說道：「我本來以為您會因為這幾首詩把李白恨之入骨，沒想到您竟喜歡到如此地步。」

楊貴妃聽後大吃一驚，不解地問道：「難道李翰林侮辱了我嗎？」

高力士說：「難道您沒注意？他把您比做趙飛燕。趙飛燕是什麼樣的女人，怎麼能同娘娘您相提並論呢？他這是把您看得同趙飛燕一樣淫賤啊！」

在當時，楊玉環已是「三千寵愛在一身」，她的哥哥、姐妹也都位居顯要，聲勢顯赫。她唯一擔心的便是自己的地位是否穩固。她絕不希望被人看作像趙飛燕那樣淫賤，更害怕落到她那樣的下場。高力士摸透了楊玉環的心思，因此就在她最軟弱處下手。他輕而易舉地便把李白的詩同趙飛燕的下場接連起來，一下子使讚美的詩篇成了譏嘲的證據，激起了楊玉環的反感與憎恨。後來，唐玄宗曾三次想提拔李白，但都被楊玉環阻止了。高力士靠此手段，達到了報復脫靴之辱的目的。

在李白看來，像高力士這樣的小人根本不配與自己為伍，正邪不兩立，正人君子自然嫉惡如仇，正是在這一思想的支配下，不僅沒有適時地說兩句低聲下氣客套話，李白還巧借醉酒之機在大庭廣眾之下侮辱了高力士，沒給他留面子，這樣做雖可洩一時之憤，但他卻沒想到由此而產生的嚴重後果，應該說，兩人相鬥，笑到最後的還是高力士。

李白後來雖然被唐玄宗「賜」金全身而退，但畢竟被澈底趕出了他夢想施展抱負的政治舞臺。從此他借酒澆愁，賦詩抒懷，落魄於江湖。因輕視小人的習慣而耽誤自己的大好前程，無論如何是不值得的。李白留給我們的這一教訓是深刻的，也是有用的。

其實，現實生活中也有不少人會犯類似的錯誤。他們沒有認識到得罪小人的危害，結果最後還是吃了小人的虧。要知道小人之所以稱為小人，就是因為他們不走正路，你沒有做壞事是吧！他給你捏造幾件不就完了嗎？小人本事極強：造謠生事、暗中破壞、挑撥離間、落井下石……總之，得罪了小人就沒有好日子過，隨時得提心吊膽，所以你又何苦得罪小人呢？如果你有輕視小人的習慣，那就要馬上改正，否則說不定什麼時候你就會走霉運。

7 要給別人留後路

物極必反，「花未全開月未滿圓」才是最好的時候。一個人如果想把自己的好運維持得長長久久，就要時刻記著給別人留有餘地。習慣於把事情做絕的人，是無法取得真正的成功的。

李木小時候家裡很窮。一天，有個客人到他家，難得的誘人魚香，令他垂涎不已。李木當時才六歲，還不懂得掩飾自己，他吵著要吃魚，母親答應了，但是有個條件：等客人吃飽後方可上桌。

李木不聽，「等客人吃飽了，魚不就被他吃光了？」母親答道：「知禮的客人絕對不會將魚翻過面來吃，另外一面一定還是好好的。不信你去窗邊看看……」

李木來到窗邊，踮起腳尖往裡看，眼睛盯著桌上的那條魚。忽然間，客人用筷子把魚翻了個身……李木失望地跑回廚房，撲進母親懷裡大哭起來。母親也哭了，她不知該如何安撫李木的心。幾十年過去了，李木成了一家大公司的經理，他還是很愛吃魚，但他總是不輕易把魚翻身，因為他永遠記住了母親那句話。不僅如此，李木還把這句話應用到了生活中的其他方面，現在他的生活過得非常輕鬆。

李木是聰明的，他沒因那次沒有吃到魚而遺憾，相反的卻明白了一個處世道理：凡事要留有餘地。可是，生活中很多人卻不明白這個道理，他們習慣於把事做絕，根本不考慮別人，結果他們的得意是不長久的。所以，我們無論做什麼事都應該給別人留下餘地，這樣才不至於惹來禍端。

物極必反，一個人如果把事情做得太絕就等於是斷了自己的後路。人生禍福難料，風水說不定什麼時候就會轉到對方那裡，給對手留條活路就是給自己留條後路，你又何樂而不為呢？

功與名是曾國藩畢生所追求的。他認為，古人稱立德、立功、立言為三不朽。為保持自己得之不易的功名富貴，他事事謹慎，處處謙卑，堅持「花未全開月未滿圓」的觀點。因為月盈則虧，日中則昃，鮮花完全開放了，便是凋落的徵兆。因此，他常對家人說，有福不可享盡，有勢不可使盡。他稱自己「平日最好昔人『花未全開月未滿圓』八個字，以為惜福之道、保泰之法」。此外，他為人處世常如履薄冰，如臨深淵，時時謹言慎行，才不致鑄成大錯，招來大禍。

晚清紅頂商人胡雪巖就深深懂得把事情做絕的害處，做事時他總是習慣於給人留下餘地，還曾借此幫助過拜把兄弟王有齡一次。

王有齡官場得意，身兼湖州知府、烏程知縣、海運局坐辦三職，王有齡在四月下旬接到任官派令，身邊左右人等無不勸他，速速趕在五月一日接任。之所以有這等建議，理由很簡單：盡早上任，盡早拿到端午節「節敬」。

清代吏制昏暗，紅包扣、孝敬賄賂乃是公然為之，蔚為風氣。風氣所及，冬天有「炭敬」，夏天有「冰敬」，一年三節另外還有額外收入，稱為「節敬」。浙江省本來就是江南豐腴之地，而湖州府更是豐腴中的豐腴，各種孝敬自然不會少，王有齡四月下旬獲派為湖州知府，左右手下各路聰明才智之士無不勸他趕快上路，趕在五月一日交接。如此一來，剛上任就能收「節敬」。

王有齡就此詢問胡雪巖的意見，胡雪巖卻說：「銀錢有用完的一天，朋友交情卻是得罪了就沒得救了！」他勸王有齡等到端午節之後再走馬上任。

胡雪巖之所以這樣建議是從多方面考慮的，王有齡不是湖州第一任知府，在他之前還有前任，別人在湖州知府衙門混了那麼久，就指望著端午節敬，王有齡名正言順可以搶著接事，也搶了前任的節敬，這麼一來，無形中就和前任結下梁子，眼前當然沒事，但要是將來在要命關鍵時刻對方在背後捅你一刀，牆倒眾人推，落井下石，那可就划不來了。

胡雪巖深深明白，江湖上有云：「你做初一，我做十五；你吃肉來我喝湯。」這意思是說，好處不能占絕，做事情不能好處全占盡，一點後路都不留給別人。總得替人家想想，自己沒損失什麼，卻頗能讓別人見情，何樂而不為呢！

英國首相邱吉爾也是這一習慣的忠實擁護者。

張伯倫在擔任英國首相期間曾再三阻礙邱吉爾進入內閣，他們政見不和，特別是在對外政策上存有很大的分歧。後來張伯倫在對政府的信任投票中慘敗，社會輿論贊成邱吉爾領導政府。出人意料的是，邱吉爾在組建政府過程中，堅持讓張伯倫擔任下議院領袖兼樞密院院長。他認識到保守黨在下院占絕大多數席位，張伯倫是他們的領袖，在自己對他們進行了多年的批評和嚴厲的譴責後，取張伯倫而代之，會令他們許多人感到不愉快。為了國家的最高利益，邱吉爾決定留用張伯倫，以贏得這些人的支持。

後來事實證明，邱吉爾的決策英明。當張伯倫意識到自己的綏靖政策給國家帶來巨大災難時，他並沒有利用自己在保守黨的領袖地位刁難邱吉爾，而是以反法西斯的大局為重，竭盡全力做好自己分內之事。

三十年河東，三十年河西。一個人不可能永遠得意，很多時候你不給別人留後路，結果也斷送了自己的後路。所以，做事時還是多給別人留點餘地，早晚你會從這個習慣中受益。

8 不要只圖自己方便

做事不能脫離社會公德只求自己方便，否則易引發人際關係危機。能多為別人著想，生活會更和諧。

張娜是學廣告設計的，畢業後進入了一家廣告公司工作，工資優厚，工作也很有挑戰性，張娜非常滿意她的新工作。但漸漸地，她的老闆和同事對她卻越來越不滿意。她的同事抱怨說，張娜做事太奇怪，只顧自己，不管別人。公司在冰箱裡給大家準備了加班時的夜宵，每份食品都是固定搭配，雖然沒有人規定，但大家都自覺地整份食用，但張娜卻不管這些，她總是挑各份食品裡自己喜歡的出來吃。同事曾經指責過她一次，但她卻說：「我管什麼規則不規則，我只能先照顧好自己再說。」有時候幾個人要用一份公共材料，張娜卻不管別人急不急，自己先搶過來再說。後來，又發生了一件事，讓老闆也開始討厭起她來。

有一次，她為了設計，從網上找了很多資料，但她為了圖方便就直接從網上引用，沒有做標記，也沒有下載。等到開會時，老闆向她要那些資料，她就讓文案人員按照一條條再去網上找。老闆大吃一驚，責問她說：「妳當時為什麼不直接下載下來？」

張娜振振有辭地說：「那多麻煩！我也趕時間呀！再說咱們公司不是有文案人員嗎？慢慢找吧，反正這是她的工作。」

老闆當時被她氣得說不出話來，他有那麼多員工，但從來沒見過這樣只顧著自己的。張娜的這個習慣一直沒改，後來又出了幾次這樣的事，儘管她的設計做得不錯，但老闆還是讓她走人了。

像張娜這樣的人，走到哪裡都不會有人接納她。因為她習慣先顧自己，為了一己之利，為了個人的方便，就不顧別人，以這樣的方法來待人處世，在任何地方都是行不通的。

一個中國女孩去美國加州州立大學留學，在那裡，她很快交上了一個朋友麗莎。有一天，中國女孩在大學裡散步正巧碰上麗莎站在公布欄前發呆，她走上去一問才知道，原來學生會交給她一項任務，在校園裡醒目的位置張貼幾十張「文化節」海報。學校標誌性的公共場所都有公布欄，所以麗莎很快就貼得七八成了。當她再回到學生會，準備貼最後一批海報時，她發現公布欄已經貼滿了。怎麼辦？

中國女孩不禁脫口而出：「公布欄裡有幾張廣告早就過時了，貼上去沒什麼問題。」

麗莎回答：「我不確定。」

女孩心想，麗莎真笨，連上星期的活動都記不住。再說，有些學生賣車租房交友資訊，到處的公布欄都有，蓋住一二張又有何妨？跟她一建議，麗莎回答得更絕：「他們會投訴的。」

這下中國女孩不管了，就找了份報紙坐到旁邊去看。只見麗莎走到社團的露天中廳，裡在四周的木柱子上比畫著。個別學生會在那上邊或貼或釘東西，但很不雅觀，柱子也被弄得不乾淨。她暗想，妳不也得這麼做嗎？是不是這樣就沒人投訴？麗莎比畫了一會兒就走開了。她到底想怎麼做？好奇的中國女孩決定看下去。

麗莎回來了，拿了很多新東西。她先用彩色的塑膠布將一根根木柱包起來，用透明膠封好口。然後再在塑膠布上面貼上海報，她做得一絲不苟，不一會兒，十根柱子都弄好了，既利用了空間又保持清潔，看起來很有藝術效果，將來取下來也非常方便。

這個中國女孩被麗莎的「作品」震撼了。她既沒有用「學生會」的名義「覆蓋」掉個別學生的「私有空間」，也沒有隨隨便便去占用公共空間，她不是只想著自己方便，而是在解決自己的問題時也在為別人著想。

生活中，我們千萬不能養成先顧好自己，不管別人死活的習慣，這種處世方法將對我們產生嚴重的影響。人活在世上，要跟成百上千的人發生聯繫，如果每個人都只考慮自己方便的話，那麼社會一定會一團混亂。

9 居功是和自己過不去

習慣炫耀功勞的人，實際上是在跟自己過不去。雖然得到表面上的榮譽，卻把自己置身於槍林彈雨中。所以，在功勞面前要學會低頭，要退讓，這樣才能使自己立於不敗之地。

某廠的研發部門成功研究出一種新技術，可以大大提高生產率。廠長為研發部辦了慶功會，該項技術的主要研究員姜某，也受到廠長的表揚，因為他在整個研發小組裡起到了核心的作用。會後，有人就跟研發組組長說：「姜某太不像話了吧！發言時，竟然一句都沒提到您，總是我、我、我的，好像功勞都是他一個人的！這算什麼？沒有您的指揮和我們組員的配合，這新技術能成功嗎？」

組長笑著說：「別這樣！姜某的功勞確實很大，人家那麼說也是有道理的。誰讓咱們沒那個能耐?有本事的話也能上臺誇自己了。」

姜某的朋友在散會後勸姜某說:「怎麼搞的,你也有點太居功了吧!你應該多提你們的主管和同事,我在臺下聽著你怎麼好像把功勞都說成你一個人的了,你這樣做早晚會出問題的。」

姜某對朋友的勸說嗤之以鼻:「本來功勞就是我最大,論功行賞,難道你還要我把功勞讓給別人呀!他們做什麼了,不就是幫點小忙?我當然要多提提自己的辛苦。」朋友看著一臉得意的姜某嘆了口氣。

不久後,姜某覺得組員對他的態度大大改變,以往需要什麼配合,他們都會主動去做,但現在卻要他三催四請,對方不但不配合,還常常虧他:「喲,大英雄來了!我這無名小卒能幫上什麼忙啊!」

久了,姜某也受不了了,他怒氣沖沖地去找組長,說:「組員們都不願配合我工作!」

組長卻說:「不可能吧!你可是咱們組裡的明星人物,他們怎敢得罪你?」

姜某呆了,從組長嘲諷的笑裡,他終於知道自己確實做錯了。姜某很快就沉寂了,再也沒開發出什麼新技術來。

姜某研究出了新技術，但對人情世故卻缺乏了解，他不明白，居功是一件很危險的事，它會給你製造出許多敵人。所以，我們千萬不要養成居功的習慣，在功勞面前要謙虛、要避讓，這樣別人才會對你欣賞有加。

郭解是西漢的一名俠客，為人行俠仗義，在當時很有聲望。有一次，洛陽某人因與他人結怨而心煩，多次央求地方上有名望的人士出來調停，但對方就是不給面子。後來他找上郭解，請他來化解這段恩怨。

郭解接受了這個請求，親自上門拜訪委託人的對手，好不容易讓這人同意了和解。照常理，郭解此時不負人所託，完成這一化解恩怨的任務，可以走人了，可郭解有更有技巧的處理方法。

一切講清楚後，他對那人說：「這個事，聽說洛陽當地許多有名望的人也來調解過，但都沒有調解成。這次我很幸運，你也很給我面子，我把這件事解決了。但我畢竟是個外鄉人，占這份功勞恐怕不好。本地人出面不能解決的問題，由我這個外鄉人來解決了，未免會使本地那些有頭有臉的人覺得丟面子。」他進一步說：「這件事這麼辦：請你再幫我一次，從表面上讓人以為我沒辦成，等我明天離開此地，本地幾位有頭有臉的大人物還會上門，你把面子給他們，算是他們調解成的，好不好？拜託了。」

郭解很懂得照顧別人的面子，因為他知道，那些當地的有名望人士是愛面子的人。如果得罪了他們，以後還要怎麼在這裡混？所以自己還是當個幕後英雄，成全他們的美名吧。

明朝的王守仁平定了寧王朱宸濠的叛亂以後，江彬等人嫉恨他的功勞，散布流言說：「王守仁以前是與朱宸濠同謀的，聽說各路大軍開始征伐了，才擒拿朱宸濠以自脫。」王守仁聽了這種傳說，於是把朱宸濠交給了協同參戰的張永，使皇帝能夠親獲朱宸濠，滿足自己御駕親征、生擒逆首的虛榮心。後來張永也在皇帝面前極力稱讚王守仁的赤膽忠心和謙恭的美德，皇帝明白了事情的真相，於是赦免了王守仁。

龔遂是漢宣帝時代一名馴良能幹的官吏。當時渤海一帶災害連年，百姓不堪忍受飢餓，紛紛聚眾造反，當地官員鎮壓無效，束手無策，宣帝派年已七十多歲的龔遂去任渤海太守。

龔遂輕車簡從上任，他安撫百姓，與民休息，鼓勵農民墾田種桑，規定農民每戶種一株榆樹、一百棵茭白、五十棵蔥、一畦韭菜、養兩口母豬、五隻雞。對於那些心存戒備，依然持刀帶劍的人，他勸道：「為什麼不把劍賣了去買頭牛，做點正業？」經過幾年治理，渤海一帶社會安定，百姓安居樂業，溫飽有餘，龔遂名聲大振。

於是，漢宣帝宣召他還朝，他有一個屬吏王先生，請求隨他一同去長安，說：「我對你會有好處的！」其他屬吏卻不同意：「這個人，一天到晚喝得醉醺醺的，又好說大話，還是別帶去得好！」

龔遂說：「他想去就讓他去吧！」到了長安後，這位王先生還是終日沉溺在醉鄉之中，也不見龔遂。可有一天，當他聽說皇帝要召見龔遂時，便對看門人說：「請將我的主人叫到我這兒來，我有話要對他說。」一副醉漢狂徒的模樣，龔遂也不計較，還真來了。王先生問：「天子如果問大人如何治理渤海，大人當如何回答？」

龔遂說：「我就說任用賢才，使人各盡其能，嚴格執法，賞罰分明。」

王先生連連擺頭道：「不好，不好！這麼說豈不是自誇其功嗎？請大人這麼回答：『這不是小臣的功勞，而是天子的神靈威武所感化！』」

龔遂接受了他的建議，按他的話回答了漢宣帝，宣帝果然十分高興，便將龔遂留在身邊，加官晉爵。

即使你立了大功，也不必故意向別人炫耀，人家心裡都很清楚。如果你能不居功，多拉幾個人來分享你的功勞，那麼別人會多麼感激你。但如果你自恃有功，就擺出一副不可一世的樣子，那別人就會因妒生恨，背地裡暗算你，所以，我們千萬不要養成炫耀功勞的習慣。

10 指責別人前先管好自己

為了批評而批評是個壞習慣，因為你只貶低人家不檢討自己，會讓別人鄙視你、厭惡你，這會給生活帶來很多麻煩。所以出口前先問問自己。

林肯年輕的時候住在印第安那的鴿溪穀，他不僅愛批評人，還寫信作詩譏笑人，將這些信丟在別人一定會撿起來的街道上。即使林肯在伊里諾斯的春天成為律師之後，他的習慣仍沒改掉，在報紙上發表文章公開攻擊敵對的人。

一八四二年秋季，他譏笑一位自大好鬥的愛爾蘭政客，名叫西爾士的。林肯在報上登了一封匿名信譏諷他，這使全鎮都哄笑了起來。西爾士敏感而自傲，勃然大怒。當他查出是誰寫的後，便跳上馬去找林肯，要跟他決鬥。林肯不願意打架，但又不能逃避，那樣他會顏面盡失。他的對手允許他自選武器。因為他有長臂，他選擇了馬隊用的大刀，並跟西點軍官學校畢業生學習刀戰。到了指定的日期，他與西爾士相遇在密西西比河的沙灘上，準備決一死戰。但在最後一刻，他們的見證者阻止了決鬥。

林肯把這次決鬥當作他一生中最失敗的事，此後他再也不輕易地指責譏笑別人了。

如果林肯沒有改掉為了批評而批評的壞習慣，就無法成就偉大的事業，只能淪為平庸者。生活中很多人一見到別人的錯失就要去批評指責，而且口不擇言，也許你的本意是好心提醒，不過在提醒別人之前還是先管好你自己吧！

有四個和尚為了修行，參加禪宗的「不說話修煉」。

四個和尚當中，有三個道行較高，只有一個道行較淺。由於該修煉必須點燈，所以點燈的工作就由道行最淺的和尚負責。

不說話修煉開始後，四個和尚就盤腿打坐，圍繞著那盞燈，進行修煉。經過好幾個小時，四個人都默不作聲。因為這是不說話修煉，無人出聲說話，這是很正常的現象。

油燈中的油越燃越少，眼看就要枯竭了，負責管燈的和尚，見狀大為著急。此時，突然吹來一陣風，燈火被風吹得左搖右晃，幾乎就快熄滅了。管燈和尚實在忍不住了，大叫：「火快滅了！」

其他三個和尚原來都閉目打坐，始終沒說話。聽到管燈和尚的喊叫聲，道行在他之上的第二個和尚立刻斥責他說：「你叫什麼！我們在做不說話修煉，你怎麼開口說話？」

第三個和尚聞聲大怒，他罵第二個和尚說：「你不也說話了嗎？太不像樣了。」

第四個道行最高的和尚，始終沉默靜坐。可是過了一會兒，他就睜眼傲視另外三個和尚說：「只有我沒說話。」

四個參加不說話修煉的和尚，為了一盞燈，先後都開口說話；最好笑的是，那三個「得道」的和尚在指責別人「說話」時，都不知道自己也犯下「說話」的錯誤。

有些人總是只看到別人的錯誤而忽視自身的弱點，因此他們的指責不但起不了應有的效果，反而會傷害自己。所以，批評別人前，請先檢視一下你自己，不要為了圖一時痛快就去批評別人！

加拿大一位工程師斯瓦內爾曾經說過這樣一件事：

斯瓦內爾是個脾氣暴躁的人，他的不少助手、工人都挨過他的罵。有一次，他在中午到某處工地巡視，發現幾個助手正在一起玩牌，雖然這不符合規定，但因為是休息時間，也沒什麼大不了的。可是那天斯瓦內爾的心情很不好，因為他在前一天晚上和妻子大吵一架，臉上還留有抓痕。於是他走過去，朝他的助手大聲嚷嚷：「誰讓你們把私人物品帶來的？這裡是工地，你們沒腦子啊，竟做出這種蠢事！以後不許再把牌帶到工地來！」

也許是因為有許多工人圍觀，也許是因為斯瓦內爾罵得太凶了，正在玩牌的一個助手也火了，他大聲反駁說：「沒錯，斯瓦內爾先生，我們是把私人物品帶到工地來，可是看您的臉就知道，您把『私人怨氣』也帶到工地來了吧！」斯瓦內爾呆住了，周圍的工人發出嘲笑聲，他只好在笑聲中狼狽地離開。斯瓦內爾雖然覺得很難堪，但他卻得到了一個寶貴的教訓：不要輕易指責別人，因為你的錯誤也許比別人更嚴重。

斯瓦內爾的錯誤，生活中很多人都在做。他們習慣於為了批評而批評別人，在批評人時，卻不懂得檢討一下自己，結果批評不但沒有使事情按自己想的那樣發展，反而給自己帶來很多麻煩。

11 別對他人掏心挖肺

知人知面不知心，輕易相信別人的人是非常脆弱的，是奸詐之徒眼中的肥羊，常受傷害、遭人暗算。

郭廠長出差的時候在火車上遇見一位港商，二人一見如故，互換名片。這位港商舉手投足之間都顯露一種貴族氣質，這使郭廠長對其身分毫不懷疑。恰巧二人的目的地相同，港商又對郭廠長的產品非常感興趣，似有合作意願，郭廠長便與他同住一間飯店。吃飯、出遊幾乎都在一起。

這一天，郭廠長與一客戶談成了一筆生意，取出大筆現金放在皮包裡。午飯後與港商在自己屋裡聊天，不久郭廠長起身去洗手間，回來時出了一身冷汗：港商和那個裝滿錢的皮包都不見了！郭廠長趕緊報警，幾天後案子破了，罪犯被抓後才知道，原來他並不是什麼港商，而是一個職業騙子。這讓郭廠長對自己輕易相信他人、道出自己所有的事的做法痛悔不已。

人心難測，像郭廠長這樣因輕信別人而上當受騙的事在生活中時有發生。老祖宗告誡我們：逢人只說三分話，未可全拋一片心。習慣於在待人處世方面輕信別人的人，很少有不吃虧上當的。所以在這一點上，我們有必要吸取教訓，改掉輕信別人的處世習慣。

袁了凡是明朝人，年幼喪父，母親叫他放棄讀書求取功名而改習醫術，這樣可以濟世救人。袁了凡聽從母親的話。有一天，他在寺廟裡碰到一位仙風道骨的老人。老人慈祥地對他說：「你是做官的命，明年就可以科舉及第，為什麼不讀書？」

於是袁了凡把母親叫他放棄功名，改習醫術的事告訴了這位老人，他同時請教老人為什麼會這樣說。老人回答：「我姓孔，得到了邵先生所精通的皇極數真傳。我見你是有緣人，想把這皇極數傳授給你。」

於是袁了凡把孔先生請到家中，請他為自己推算一下。這位孔先生算了一些事情，都十分靈驗。因此，袁了凡便相信孔先生所說自己應該是有功名的，於是又去讀書。

後來，袁了凡又請孔先生替他推算具體的前程。老先生說：「你做童生的時候，縣考得第十四名，府考得第七十一名，提學考應當得第九名。」

果然，一年之後，袁了凡三次考試中所得的名次跟孔先生所推算的一模一樣。孔先生又替袁了凡推算終身的吉凶。「你應當做貢生，等到出了貢後，應被選為四川一知縣，上任三年半後便告退。你會活到五十三歲，可惜沒有子嗣。」

不久，袁了凡真如孔先生所說成了貢生，在南都進學一年。這時，他覺得一切已經命中注定，何必再努力，所以整天靜坐不動，不說話也不思考，凡是文字一律不看。一年之後，他要到國子監去讀書，臨行前，先到棲霞山拜會雲谷禪師。

雲谷禪師問道：「我看你靜坐了三日，卻沒有起過一個亂念頭，這是什麼原因？」

袁了凡回答：「孔先生替我算過命，我的命數已經定了，榮辱生命都有定數，不能改變，想也沒有用，自然沒有亂念頭。」

雲谷禪師笑道：「平常人不能沒有胡思亂想的心，因此被陰陽束縛住，也即是被所謂的命數束縛，相信命道。然而極善的人可以變苦成樂，貧賤短命變成富貴長壽。反過來，極惡的人可以變福成禍，富貴長壽變成貧賤短命。你先前的二十年都被孔先生算定沒有把命轉動過分毫，所以你是凡夫。」

雲谷禪師再引經據典闡述他的觀點，使袁了凡心裡開始相信命是可以改變的。只要由內心做起，把自己不良的習慣改掉，增加福德，自然可以改命。

雲谷禪師便教他用功改過的方法。記下每一天的功與過，讓他知道每天的所做所為有什麼可以改進的。

一年之後禮部科考，孔先生算他考第三，結果他考第一。這時袁了凡更篤信雲谷禪師的話，更加努力地改過和行善積德，努力地改正壞習慣。當袁了凡將自己的不良習慣逐漸改過後，他不僅在五十三歲時沒死，孔先生算定他命中無子嗣，結果他也得到一子。

如果袁了凡一味地相信算命先生的話，那他五十三歲以後的事情就沒有了。所以我們一定要改正輕信別人的習慣。如果你輕信別人的話，就會按照別人的話去做，而事實說不定恰好相反。

在處世中，即使是一個最簡單的事情也得深思熟慮，人性複雜，你若輕信別人，一下子把心掏出來，那麼很可能會受傷。

丁凡是某美容院的助理，她正在跟著一個叫王雪的美容師學習。有一天，王雪突然跟另一位美容師，也是她的好朋友吳琳吵了一架。下班後，丁凡正在打掃，吳琳雙眼通紅地從洗手間裡走出來，看見丁凡還在，竟然拉著她聊起天來，這使丁凡有種受寵若驚的感覺。

「妳在王雪手下工作得很辛苦吧！跟她認識這麼多年我最了解她了，就會欺負助理。」丁凡沒敢接話。吳琳看丁凡拘謹的樣子，又道：「妳不用害怕，這裡沒外人，咱們聊聊。要不妳乾脆跟著我好了，她能把妳帶成什麼樣！我最恨她了！」

丁凡看吳琳激動的樣子，終於放下心來，開始向吳琳傾訴自己的怨氣。可是沒過幾天，吳琳和王雪和好如初，這讓丁凡開始有點擔憂。果然，王雪對丁凡的態度變得越來越差，動不動就斥責她，給她臉色看。一天，丁凡路過洗手間，聽見王雪和別人譏諷她：「死丫頭！說我不好好教她，只會使喚她，我呸！看她那副樣子，也配當美容師！你們等著瞧，一個月之內，我非把她趕走不可！」

丁凡掩面哭著跑出去，不用一個月，第二天丁凡就辭職了。

丁凡過於相信別人，因而給自己惹來大麻煩。她明知道吳琳與王雪是好朋友，而且自己對吳琳也不了解，但卻還是輕信吳琳，一下子把自己的心事全都說了出來，這實在是一種愚蠢的行為。

在處世中，要戒掉輕信別人的習慣，無論說話或行為，都要有所保留，不可一廂情願。所以，聰明的人只說三分話，不輕易交心，這樣做或許有點世故，但對於保護自我來說卻很有效。

第四輯

心態好習慣

換掉陳腐的心態，人生從此一帆風順

你的想法決定你的選擇、
你的言行舉止，
嚴重影響你的未來。

1 別讓嫉妒害了你

最先被嫉妒之火燒毀的，往往是自己寧靜的生活而不是別人的成功。唯有敞開胸懷，生活才會充滿陽光和歡樂。

嫉妒是一條毒蛇，它使平庸者變得瘋狂而殘忍，在漸次增長的嫉妒中無情地傷害別人，且成為一種可怕的慣性，最終使嫉妒者走向狹窄的人生道路，也使受妒者受到極大傷害。

習慣嫉妒別人的人，時時刻刻繃緊心上的一根弦，時刻處於緊張、焦慮和煩惱之中。他們不能平靜地對待外面世界，也不能使自己理智地對待自己和他人。他們對比自己優秀的人總是懷著不滿和怨恨之情，對比自己差的人又總是懷著唯恐他們超過自己的恐懼之心，因此終日惶恐不安，心理壓力很大，活得很累。而且有猜忌必有疑心，有疑心必然胡亂猜測和樹敵、自尋煩惱和痛苦。在某種程度上，可以說嫉妒者到處尋找刺激，到處尋找怨恨，到處尋找包袱自己背。他們的痛苦最多，思想包袱最重。嚴重的嫉妒者終日生活在自我煩惱中，又無力自拔，這樣很容易引起精神分裂症。

嫉妒的習慣會讓人一生碌碌無為。嫉妒的受害者首先是嫉妒者自己。莎士比亞說得很確切：「嫉妒是綠眼的妖魔，誰做了他的俘虜，誰就要受到愚弄。」嫉妒者經常處於憤怒嫉恨的情緒中，勢必影響自己的學業、工作和生活。

生氣是用別人的缺點來懲罰自己，嫉妒卻是用別人的優點和成就折磨自己，因而它就更加殘酷無情地毀掉自己一生的前途和事業。自己不上進，恨別人的上進；自己無才能，恨別人有才能；自己無成就，恨別人獲得成就。嫉妒者的光陰和生命就在對他人的怨恨中毫無價值地消磨掉，到頭來兩手空空，一事無成。俗話說：「天下本無事，庸人自擾之。」嫉妒者都是庸人，他們給自己製造「敵人」，給自己製造不平靜，所以，嫉妒者都是無事生非和無事自擾的庸人。

人一旦養成了嫉妒的習慣，不僅害人，也會害己。

首先，這種人不僅心理發生變化，生理也發生變化，常見的是情緒變化異常，食欲不振，夜間失眠，內心痛苦不堪。

正如巴爾札克所說：「嫉妒者的痛苦比任何人遭受的痛苦都大，他自己的不幸和別人的幸福都使他痛苦萬分。」史特勞斯是奧地利音樂家，後來，他的兒子約翰•史特勞斯也成了音樂家，而且名氣超過其父，這使做父親的十分嫉妒。一天，兒子發出海報要舉行音樂會，父親聞訊立即宣布，在同一天的同一時間也要舉辦音樂會。可是觀眾們都跑到了兒子那裡，這使老史特勞斯又愧又恨，一下子就病倒了，並說：「但求速死。」由此可見，嫉妒者多受難耐的折磨。

一九六四年的因斯布魯克冬季奧運會上，義大利的歐金尼奧•蒙提和沙治奧•蕭佩斯是雙人雪橇賽的大熱門。他們等待第二次滑行時，看到英國隊的東尼•納希和洛賓•狄克森二人垂頭喪氣。這兩位在比賽前不受重視的英國選手第一次滑行時成績一鳴驚人，但事後發現他們雪橇後軸上的一枚螺栓斷了，看來只好退出比賽。蒙提完成了他的第二次滑行後，迅速把自己雪橇上的螺栓拆下來給納希，使納希和狄克森二人順利完成了第二次滑行。這次比賽的結果是奧運史上最出人意料者——英國隊贏得了金牌，精神可嘉的蒙提只得了季軍。四年後，蒙提在另一屆冬奧會上雙喜臨門，獲得雙人雪橇及四人雪橇兩項冠軍。

當然，要做到這一點，必須增強自己的意志力。嫉妒的習慣並非天生的，而是在後天的一定環境教育條件下逐漸形成的。因此，需要通過自我控制、自我調節，增強自己的意志力，逐步克服它。更重要的是敞開自己的胸懷，容下別人。如果在團體中，有機會做領袖固然可以當仁不讓，沒機會去領導別人時，就退而甘願接受別人的領導。人的一生畢竟是短暫的，當嫉妒纏繞自己時，會感到人生之路越走越窄；當從嫉妒中走出時，會有一種海闊天空的感覺。

2 學會限制貪念

貪得無厭易墮落，甚至為了滿足貪欲鋌而走險，最終做出讓自己後悔不已的事。唯有知足，才能開心地享受人生。

有一個放羊的男孩，一個偶然的機會他發現一座金光閃閃的寶庫。他不慌不忙地將羊趕回老財主家，又如實地將這一天的發現告訴財主。財主一把將放羊的男孩拉到身邊，急切地詢問藏金子的寶庫在哪裡。男孩把藏金子的大致位置告訴了老財主，老財主馬上命令管家與手下們直奔男孩放羊的那座山，還擔心男孩說話不老實，讓男孩為他們帶路。

財主很快見到了那座寶庫，高興得不得了。他想：這下我可發大財了。他趕忙將金子裝進自己的衣袋，還讓一起進來的手下猛拿。就在他們把小男孩支走，準備帶走所有金子的時候，洞裡的神仙說話了：「人啊，別讓欲望負重太多，天一黑，山門就要關了，到時候，你不僅得不到半兩金子，連老命也沒了，別太貪心啊。」

可是財主哪裡聽得進去，他想這個山洞這麼空闊，且這麼堅硬，不會一下子消失的。擁有了這些金子，出去後他不就是大富翁了嗎？於是財主不停地搬運，非要把金山全搬走不可。不料，一陣轟隆隆的雷聲響起後，山洞被地下冒出的岩漿吞沒，財主再也沒能出去。

如果財主能稍微控制一下自己的貪念，他可以成為大富豪，一生吃喝不完，但他卻未能做到這一點，終於在貪得無厭心理的驅使下丟了性命。有人可能覺得財主太愚蠢，但事實上，生活中也有很多「財主式」的人物。他們在生活中養成了貪得無厭的習慣，並因此而做出許多令自己後悔的事。

有這樣一則寓言故事，頗值得我們深思：

一隻死去的大象靜靜地躺在幽僻的恆河邊，正巧被一隻出來尋覓食物的豺看見了。豺高興地想：「哇，我今天運氣真好！」

牠快步來到大象身邊，並用力朝著象鼻咬了一口，但是象鼻硬得就像根木頭，豺生氣地破口大罵：「這是什麼鬼玩意兒，居然咬不動！」

於是，牠回頭去咬象耳，沒想到還是咬不動，轉到象的腹部仍然咬不動，牠東咬一口，西咬一口，大象的全身幾乎都咬遍了，仍然咬不下一口。

牠哀怨地說：「怎麼辦，我快餓死了，怎麼沒有一個地方咬得動呢？」

最後，牠找到了大象的屁股，再次用力一咬，這回居然咬動了，而且咀嚼起來就像剛剛活捉的小羊的肉，既鬆軟又可口。這會兒豺開心地自言自語：「這才像樣，看來大象身上最柔軟可口的地方只有這裡了。」

只見貪吃的豺從大象的屁股開始，不斷地往裡頭鑽食。牠從屁股吃到了象肚，當牠吃完象的內臟，喝了幾口象血後，便舒服地躺在象肚裡睡覺。

牠醒來時，想了想：「照理說，該出去了。可是這麼大的一頭象我怎麼能放棄？不如就待在裡頭吧！這樣整頭大象就都是我的了。」

就這樣，豺在象肚裡舒舒服服地住了下來。只是牠沒料到，在烈日的照射下，大象的屍體開始緊縮，特別是送入空氣的肛門處已經越縮越小。終於有一天，豺醒來時，象肚裡居然一片漆黑。其實在這之前象肚裡的肉質早就變硬，象血也早已枯竭，但是已經安逸於象肚裡的豺，一點也不介意，直到伸手不見五指時，才警覺到大事不妙。

豺發現出口不見了，感到萬分驚恐，不住地在象肚裡東鑽西竄，又撞又踢，只是不管牠怎麼撞，就是撞不出一個逃生的出口。直到有一天，天空下起一場大雨，象屍因為浸泡在雨水中全身開始發脹，不久肛門口也鬆開了，透進一點微光。

豺看見這點微光，開心地來到肛門口：「得救了！」

只見牠用力地衝向出口，拚了命地鑽出來。只不過，因為用力過猛，牠身上的毛居然全被象皮給磨光了。牠逃出象肚，立即奔到河邊喝水解渴，這才從河的倒影中發現自己居然全身光禿禿的。豺嘆了口氣：「唉，都怪我太貪心了，現在弄成這副德行，怎能見人呢？」

許多人都像故事裡的豺一樣，無法控制自己的貪念，最後落入陷阱。

下面是兩個生活中的例子，或許可以使你更深刻地認識貪得無厭的危害性：

幾個愁眉苦臉的女人坐在一起談論炒股的經驗。第一個說：「都怪我太貪心，那支股票是我八塊四買進的，九天後就漲到九塊九，這麼算一下，我大概賺了兩萬七千多塊錢，唉！可我想才九天就漲這麼多，以後還會漲。過了兩天漲到四十塊三，大家都勸我拋售，可我想說不定還能漲，誰知道隔了一天就狂跌，害得我被套牢了！」

「我比妳更慘！」另一個人有氣無力地說：「我炒股的三萬多塊錢，是我和老伴的養老金。一個熟人給我推薦了一支股票說肯定能漲，我就把錢全投進去。後來果然漲了，每漲一點我就對自己說再漲一點我就拋，就這樣漲啊漲，最後突然就跌了！我還沒來得及反應呢，就下跌不到一萬塊錢，我的老伴到現在還在怪我呢！唉，那時候不那麼貪心就好了。」

王某是某企業的出納員，後來因貪污鉅額公款被判十四年，在監獄裡他悔恨地向獄友講述了他的心路歷程：「我其實是個守本分的人，開始從來就沒打過公款的主意。可有一次我的老岳父病了，急需錢救急，我一咬牙就從公款裡抽出兩千六，當時是想過兩天就補上。可是慢慢地我有了其他想法：要是這錢不必還多好！我是老出納了，隨便動動手腳，就從帳上把這筆錢抹平。嘗到了甜頭，我就更貪心了，我一次又一次地想法兒A錢，每一次我都對自己說：『這是最後一次了！』但想要停手哪那麼容易，我都已經成了習慣了，後來被發現，我後悔死了！都是貪婪害了我！」

以上兩個例子中的人，都是因為貪得無厭而害了自己。生活中，很多人都因為貪得無厭的習慣而墮落，他們為了滿足貪欲鋌而走險，最終做出了讓自己後悔不已的事。這實在是一件很可悲的事。

3 不要一個人獨食

狹隘的習慣會扭曲人的心靈，造成心理貧窮，最終使人毀滅自己。我們應該明白：不付出就不會有回報，不給予就不會有收穫，我們應該一起分享而不是獨占。

一個農夫請無相禪師為他的亡妻誦經超渡，佛事完畢後，農夫問道：「禪師，你認為我的亡妻能從這次佛事中得到多少利益？」

禪師照實說道：「當然，佛法如慈航普渡，如日光遍照，不只是你的亡妻可以得到利益，一切有情眾生無不得益呀。」

農夫不滿意地說：「可是我的亡妻是非常嬌弱，其他眾生也許會占她便宜，把她的功德奪去。能否請您只單單為她誦經超渡，不要回向給其他眾生。」

禪師慨嘆農夫的自私，但仍慈悲地開導他說：「回轉自己的功德以趨向他人，使每一眾生均沾法益，是個很討巧的修持法門。『回向』有回事向理、回因向果、回小向大的內容，就如一光不是照耀一人，一光可以照耀大眾，就如天上太陽一個，萬物皆蒙照耀；一粒種子可以生長萬千果實，你應該用你發心點燃的這一根蠟燭，去引燃千千萬萬支的蠟燭，不僅光亮增加百千萬倍，本身的這支蠟燭，並不因而減少亮光。如果人人都能抱有如此觀念，則我們微小的自身，常會因千千萬萬人的回向，而蒙受很多的功德，何樂而不為呢？故我們佛教徒應該平等看待一切眾生！」

農夫仍然頑固地說：「這個教義雖然很好，但還是要請禪師為我破個例吧。我有一位鄰居張小眼，他經常欺負我、害我，我恨死他了。所以，如果禪師能把他從一切有情眾生中除去，那該有多好呀！」

禪師以嚴厲的口吻說道：「既曰一切，何有除外？」

聽了禪師的話，農夫更覺茫然，若有所失。

自私、狹隘的心理，在這個農夫身上表露無遺。每個人都希望自己好，但如果你容不得別人好或別人比你好，那就是自私加狹隘。自私、狹隘的習慣會毀了自己的生活，我們必須努力使自己學會與人分享。

村裡有兩個要好的朋友，他們也是非常虔誠的教徒。有一年，決定一起到遙遠的聖山朝聖，兩人背上行囊，風塵僕僕地上路，誓言不達聖山朝拜，絕不返家。

兩位教徒走啊走，走了兩個多星期之後，遇見一位年長的聖者。聖者看到這兩位如此虔誠的教徒千里迢迢要前往聖山朝聖，就十分感動地告訴他們：「從這裡距離聖山還有七天的路程，但是很遺憾，我在這十字路口就要和你們分手了，而在分手前，我要送給你們一個禮物！就是你們當中一個人先許願，他的願望一定會馬上實現；而第二個人，就可以得到那願望的兩倍！」

聽完了聖者的話，其中一個教徒心裡想：「這太棒了，我已經知道我想要許什麼願，但我絕不能先講，因為如果我先許願，我就吃虧了，他就可以有雙倍的禮物！不行！」

而另外一個教徒也自忖：「我怎麼可以先講，讓我的朋友獲得加倍的禮物呢？」

於是，兩位教徒就開始客氣起來，「你先講吧！」「你比較年長，你先許願吧！」「不，應該你先許願！」兩位教徒彼此推來推去，客套地推辭一番後，兩人開始不耐煩起來，氣氛也變了：「煩不煩啊？你先講啊！」「為什麼我先講？我才不要呢！」

兩人推到最後，其中一人生氣了，大聲說道：「喂，你真是個不識相、不知好歹的傢伙，你再不許願的話，我就把你掐死！」

另外那個人一聽，他的朋友居然變臉了，還恐嚇自己！於是想，你這麼無情無義，我也不必對你太有情有義！我沒辦法得到的東西，你也休想得到！於是，這個教徒乾脆把心一橫，狠心地說道：「好，我先許願！我希望……我的一隻眼睛……瞎掉！」

很快的，這位教徒的一隻眼睛瞎掉了，而與他同行的好朋友，兩隻眼睛也立刻都瞎掉了！

狹隘的心理不但讓兩個好朋友翻臉，甚至還讓人通過傷害自己的方式來毀滅他人。如果一個人養成了狹隘自私的習慣，會變得很可怕。

林帆被老闆叫到辦公室，他領導的團隊又為公司的專案做出傑出貢獻。送茶進去的祕書出來後告訴大家，老闆正在拚命地誇林帆，她從來沒見過老闆那樣誇一個人，研發小組的幾個人臉沉了下來：「憑什麼呀！那並不是他一個人的功勞！」「對呀！為了這個專案，我們連續加了十七天的班！」

就在這時，老闆和林帆來到大廳。「大家幹得好！」老闆把讚賞的目光投向幾個組員，「林部長向我誇讚你們所付出的努力！聽說有兩個還帶病加班是嗎？真誠地謝謝你們！這個月你們可以拿到三倍的獎金！」

老闆話聲剛落，幾個同事就衝過去擁住林帆一起歡呼，並表示以後會跟著林部長，為公司繼續努力工作！

懂得分享的人，才能擁有一切；自私狹隘的人，終將被人拋棄。無論是工作中還是生活中，我們都要摒棄自私狹隘的習慣，否則最後會傷害到自己。

4 選擇寬恕而不是報復

遇事習慣報復記恨的人，往往不能從被傷害的陰影中平安歸來，痛苦總是如影隨形，真正傷害的其實是自己。試著去寬恕曾經傷害過你的人吧！不是為了別人而是為了自己。

這個故事發生在十八世紀：

美國路易斯安那州的一個農場裡住著農夫費蘭克和一家人。一年秋天，他去鎮裡賣糧食，家裡卻發生慘案：他的妻子和五個孩子被一夥盜賊殺死了！警察局抓到了三個人，但主犯卻逃脫。費蘭克憤怒至極，他發誓，一定要抓到那個殺人犯，為家人報仇。

就這樣，費蘭克追查了整整三十三年，終於在德州的一個小鎮裡發現了那個人的蹤跡，而此時費蘭克已經是六十七歲的老人，他踢開殺人犯的大門，衝了進去，卻發現那盜賊正躺在床上痛苦地喘息，他馬上就要死去了！那蒼老的盜賊乞求費蘭克一槍打死他，費蘭克沒有那樣做。他離開了小屋，坐在路邊痛哭失聲，他耗費了自己最好的光陰，結果得到的竟然是這樣一個結局。

費蘭克的經歷真是一個悲劇，三十三年的時光裡，他一心想著報復，他的生命裡除了仇恨一無所有，而他得到了什麼呢？一個衰老快要死去的仇人，他的報復對那個仇人來說甚至是解脫，那他這麼多年的仇恨有什麼價值？

生活中，可能會有很多人有心或無心地傷害了你，如果你要逐一去報復的話，你會永遠生活在痛苦的仇恨裡。所以，千萬不要養成記恨報復的心理習慣，它會使你的生活失去秩序，行為越來越極端，最後受傷害的還是你自己。我們應該學會寬恕別人，因為寬恕別人就是在寬恕你自己。

有個畫家來到集市賣畫，這時集市上一陣騷動，原來是一位大臣的孩子到來，許多人都爭相上前奉承。

當畫家看著這個衣著華麗的孩子時，心中忽然一陣難過，因為這個孩子的父親正是害死畫家父親的兇手。孩子來到了畫家的攤位前，非常欣賞他的作品。當他最後選中了其中一幅畫作時，畫家卻匆匆地用一塊布遮住，接著說：「對不起，這幅畫是非賣品。」

也許這幅畫被下了咒語，那孩子回家後，居然因為太過想念這幅畫而得了心病，愛子心切的父親，表示願意出高價買下這幅作品。但是畫家仍然拒絕，他寧願掛在畫室裡，也不願意出售。他陰沉地坐在畫室裡，專注地看著這幅畫說：「這就是我的報複！」

每天早晨一醒來，畫家都要畫一幅他所信奉的神像，而這也是他表現信仰的唯一方式。讓他感到納悶的是，不知道從什麼時候開始，他發現畫裡的神像，居然與他昔日膜拜的神像有了明顯的差異。

這個令人煩惱的問題，後來終於有了答案。

這天早上，他依例開始作畫。他突然丟下手上的畫筆，往後倒退了好幾步，因為他發現，這幅剛畫好的神像，眼神中居然露出與那位大臣一模一樣的目光，而嘴唇微揚的地方也非常神似！畫家驚恐地將畫撕毀，並高喊著：「報復已經回到我的身上了！」

米爾瓦基警察局發出的一份通告上有這樣一句話：「要是有人想占你的便宜，就不要理會他們，更不要去報復。當你想跟他扯平的時候，你傷害自己的，比傷到那傢伙的要多……」

心中充滿怨懟的人，即使窗外的陽光再溫暖，也感受不到，因為他已經陷在自己的冰冷地窖中，難以自拔。

習慣於「以牙還牙」的復仇者，生活必定充滿痛苦。就像許多電影裡的畫面，復仇者的色彩永遠是黑灰色系，因為在他們的心裡只有仇恨，只想著如何報復，又怎能有明麗的生活呢？所以，我們應該努力戰勝凡事記恨的習慣，選擇寬恕。

曾經有三位前美軍士兵站在華盛頓的越戰紀念碑前，其中一個問道：「你已經寬恕了那些抓你做俘虜的人嗎？」第二個士兵回答：「我永遠不會寬恕他們。」第三個士兵評論說：「這樣，你仍然是一個囚徒。」

那位士兵確實還是個囚徒，他把自己囚在自己的心牢裡而不能自拔，也就是人們常說的：不寬恕別人就是不放過自己。

當然，要學會寬恕確實很難。

寬恕必須隨被傷害的事實，從「怨怒傷痛」到「我認了」這樣的情緒轉折，最後認識到不寬恕的壞處，從而積極地去思考如何原諒對方。多數的心理分析家都承認，從被傷害、憎恨到平復、重修舊好的過程當中，都必須經歷一些困難的掙扎。

寬恕之所以很困難，是因為我們都認為，每個人都應該為自己所犯的錯誤付出代價，這樣才符合公平正義的原則，否則豈不便宜了犯錯的一方。但是不寬恕會產生什麼結果或副作用呢？例如痛苦、埋怨、憎惡、報復等等，這些結果值不值得再承受，恐怕才是更重要的一個問題。

5 別放縱情緒

「小不忍則亂大謀」，只有培養冷靜自制的習慣，才能擔當大任，才能從容處理各種複雜的人際關係和艱鉅的事。

阿芝．瓦爾蒂是法國尼斯市的一名警察，這天晚上他身著便服來到市中心的一家菸草店門前，準備到店裡買包香菸。這時店門外一個叫讓．皮埃爾的流浪漢向他討菸抽。瓦爾蒂說他正要去買菸。讓．皮埃爾認為瓦爾蒂買了菸後會給他一支。

當瓦爾蒂出來時，喝了不少酒的流浪漢纏著他要根菸。瓦爾蒂不給，於是兩人發生了口角。隨著互相謾罵和嘲諷，兩人情緒越來越激動。瓦爾蒂掏出了警官證和手銬說：「你再不老實點，我就給你一些顏色看。」皮埃爾反唇相稽：「你這個混蛋警察，看你能把我怎麼樣？」在言語的刺激下，二人扭打成一團。旁邊的人趕緊將兩人分開，勸他們不要為一根香菸而發那麼大的火。

被勸開後的流浪漢向附近一條小路走去，他邊走邊喊：「臭警察，有本事你來抓我呀！」失去理智、憤怒不已的瓦爾蒂拔出槍，衝過去，朝皮埃爾連開兩槍，皮埃爾倒在血泊中。

法庭以「故意殺人罪」對瓦爾蒂作出判決，他將服刑二十五年。

流浪漢死了，警察坐了牢，起因是一根香菸，罪魁禍首是失控的情緒。生活中，很多人沒有冷靜自制的習慣，他們總是放縱自己的情緒，結果惹出很多是非，警察瓦爾蒂和流浪漢的悲劇就是其中之一。

中國古代作戰時，一方守城，一方攻城。守城的將護城河的吊橋高高吊起，緊閉城門，攻城都便無可奈何。實在不行，攻城者便在城下百般穢罵，非要惹得守城者怒火中燒，殺出城來——攻城者就可以趁機獲勝。兵法上稱之為「激將法」。但如果守城者能克制忍耐，對方也就無計可施。敵我作戰需要有克制忍耐的大將風度，就是日常生活中的待人處事，也須有克制忍耐的涵養。

唐代宰相婁師德的弟弟要去代州都督府上任，臨行前，婁師德對弟弟說：「我沒多少才能，現位居宰相，如今你又得州官，得的多了，會引起別人的嫉恨。該如何對待？」

他弟弟回答說：「今後如果有人往我臉上吐口水，我不會說什麼，自己擦了就是。」

婁師德說：「這正是我擔心你的。那人吐口水，是因為憤怒，你把口水擦掉了，就不能讓那人怒氣得到發洩。口水不擦自己也會乾的，倒不如笑著接受。」

婁師德兄弟的這番談論，有打比方、開玩笑的成分，其主要意思就是要忍耐、要退讓，不要去和對方針鋒相對，否則，就會更加激怒對方，使矛盾尖銳化，帶來更嚴重的後果。

生活中我們常見到當事人因不能克制自己，而引發爭吵、咒罵、打架，甚至流血衝突的情況。有時僅僅是因為你踩了我的腳，或一句話說得不當。在地鐵裡為搶座位，搭公車太擠，都可能成為引爆一場口舌大戰或拳腳演練的導火線。在社會治安案件中，相當多的案件都是由於當事人不能冷靜地處理事情——許多本就是小事一樁——而發生的。

人皆有七情六欲，遇到外界的不良刺激時，難免情緒激動、發火、憤怒。這是人本能的一種自我保護的生理和心理反應。但這種激動的情緒不可放縱，因為它可能使我們喪失冷靜和理智，使我們不計後果地行事。因此，我們在遇到事情時，在面對人際矛盾時，要學會克制，學會忍耐，而不要像煙火，一點就著。

姜岩是辦公室的管理人員，具有豐富的工作經驗，她同丈夫離婚了，與十多歲的兒子和女兒住在一起。她的煩惱是：「我總是無法克制地向別人發脾氣，雖然事後常常後悔，但總是控制不了自己的情緒。我們辦公室的職員流動得相當快，所以對大多數的人很難有真正的了解，而我周期性地與人發生口角。我試圖強硬些，也試圖親切愉快些，可怎麼都不管用。如果我粗暴強硬，他們就怨恨不滿並予以回擊。而如果我態度可親，他們又覺得我軟弱可欺，想趁機利用我。我在家裡的問題也無法解決，我的孩子們都怨我把時間和精力放在工作上，這使我感到我令他們失望了。但更令我自己失望的是，我即使付出這麼多的代價，卻仍然得不到同事們的理解和擁戴。我曾失落之極，認真考慮過辭職。可是我在個人生活上已感覺失敗，如果現在辭職，那麼我在工作上也失敗了。」

很顯然，姜岩的挫敗感就是由於她放縱情緒造成的。由於她隨意向同事發洩自己的怒氣，結果失去了同事的信任，既傷害自己，又得罪了他人。

所以我們要注意培養自己冷靜自制的習慣，受到刺激時，不輕易發怒，遇到不高興的事時，也不要向別人發脾氣。如果你忍不住又要發火時，就試試曾是美國總統的傑佛遜所教的方法：「生氣的時候，開口前先數到十，如果非常憤怒，先數到一百。」這樣長期堅持下來，我們會養成自制的習慣，生活也會變得輕鬆起來。

6 不要一頭栽進錢裡

錢無法給人帶來真正的快樂，而且生不帶來，死不帶去。痴迷金錢是非常可怕的，它會使人迷失自我，生活一團亂，甚至害己害人。追求金錢卻不痴迷金錢，生活更自由快樂。

有一對夫妻九〇年代初雙雙從國營事業辭職下海經商，折騰了幾年後錢賺了不少，事業也越做越大。這對夫婦有一個兒子，因為夫妻倆長年天南地北地四處跑，沒有時間陪兒子，所以就用金錢來彌補愧疚。

每次一回家大把大把的錢塞給孩子，對孩子有求必應，這樣一來，日子過得倒還算平順。有一次妻子的妹妹勸姐姐說：「大姐，妳和姐夫賺的錢也不少了吧，怎麼還是一心的想賺錢，你們現在應該多抽出點時間陪兒子。這孩子今年十七歲了，正是最容易出問題的時候。」

但姐姐卻對妹妹的勸說不以為然，「唉呀！妳懂什麼。錢當然是越多越好，現在正是賺錢的好時機，不趁現在多賺是傻子。我兒子聽話得很，我們雖然不能陪他，但不是給他請了保母和家教嗎？妳算一算，最貴的保母和家教一小時才多少錢？我們一小時可是能做成幾十萬、幾百萬的生意呀！」

看著財迷心竅的姐姐，妹妹只能暗暗搖頭。

有一天，這對夫妻正在外地談生意，突然接到電話說他們兒子出事了：吸毒和打架！夫妻倆急忙搭飛機趕了回來，當他們走進派出所，看著蹲在地上衣著凌亂的兒子時，妻子一下就暈過去了。丈夫憤怒地追問兒子為什麼要學壞，兒子卻同樣憤怒地瞪著爸爸說：「這要問問你們！你們有資格做父母嗎？把我丟下幾個月不管，只顧去賺錢！你們滿腦子裡只有錢，那我算什麼？」

丈夫被兒子問得啞口無言，他沮喪地揪著自己的頭髮，暗恨自己不該為賺錢而忽略孩子。

在這個家庭中，父母一心只想著賺錢，可能他們這麼做的本意是為了讓孩子生活得更好，但沒想到反而害了孩子。說實話，世上大概沒有幾個人不愛錢，努力賺錢也是件再正常不過的事。可是如果愛錢成痴，開口閉口都是錢，那這種心態就有問題了。生活中，很多人都在不經意間養成了痴迷金錢的習慣，他們把求取金錢看成了生活的全部，永不滿足地追逐金錢，結果常常因此而迷失了自己，把自己的生活弄得一團糟。其實金錢根本無法給人帶來真正的快樂，而且生不帶來，死不帶去，痴迷金錢到底有什麼好處呢？

一個人一旦沉迷追求金錢的世界，就是把自己送進陷阱。人生除了錢外，還有其他更有意義的事情，不要一心想著錢，有時候金錢也是有毒的。

從前，有一個人貧困潦倒，家徒四壁，唯一的家具就是一張長凳子，他每天晚上就是在凳子上睡覺。這個人很吝嗇，他也知道自己這一點很不好，可就是改不掉。

他向佛祖祈禱：「如果我發財了，絕對會對別人很大方的。」

佛祖看他可憐，就給他一只裝錢的袋子，說：「這個袋子裡有一個金幣，當你把它拿出來以後，裡面又有一個金幣；但是當你想花錢的時候，只有把這個錢袋扔掉才能花。」

於是，這個窮人就不斷地往外拿金幣，整整一個晚上沒有睡覺，地上到處都是金幣。這些錢足夠他花一輩子了，可是他還是捨不得扔掉袋子，於是他不吃不喝整天往外拿金幣，把整個屋子都裝滿了。

他還是不停地對自己說：「讓我再多拿一點吧，再多一些錢的時候我就把袋子扔掉。」

就這樣，他不停地拿金幣，整個人處於歇斯底里的狀態。

終於，他連拿金幣的力氣都沒有了，虛弱得快要死去，他還是捨不得把袋子扔掉，最後死在錢袋的旁邊，而他的屋子裡到處都是金幣。

如果這個人不是那麼財迷心竅，在拿出足夠自己花的錢的時候就停手的話，那麼他的後半輩子都能過富足的生活。可惜他不知足，總覺得錢還不夠，結果送掉了自己的性命。

擁有更多的財富，是今日許許多多人的奮鬥目標。然而，金錢的誘惑常常似乎與手頭擁有的數目成正比例：你擁有的越多，你越想要。同時，每一分錢的增量價值，似乎與實際價值成反比：你擁有的越多，你需要也越多。金錢能夠買到舒適，促進個人自由。但一旦鑽到永不滿足的世界裡，金錢就會束縛個人的自由。

亞里斯多德曾這樣描寫那些富人們：「他們生活的整個想法，是他們應該不斷增加他們的金錢，或者無論如何不損失它。一個美好生活必不可缺的是財富數目，財富數目是沒有限制的。但是，一旦你進入物質財富領域，很容易迷失你的方向。」

四十五歲的銀行家特雷納說：「雖然我擁有超過二百萬英鎊的財產，但我感到壓力很大，我每年得有十五萬英鎊的基本收入，才能收支平衡。我想也許我正在失控，我總是苦於四處奔波，但我還是錯過了好多約會。當我不得不做決定時，我感到好像有人把他的拳頭塞進了我的腸子裡不鬆手。午夜時，我會爬起床開始翻報表，我只是想讓自己平靜下來。我無法睡覺，無法停下來。然而我還是不能取得進步。」

很明顯，在特雷納看來，他所取得的一切都沒什麼意義，他真的相信，當他達到他的金融目標時，他將感覺像個國王一般。金錢已成為他的自尊和支柱，一種對人的價值的替代物。他意識到金錢本身絕不可能讓他幸福，一直到他重新界定他的價值和他的優先考慮事項為止，特雷納將繼續在成功的邊緣搖擺不定，將他的家庭和他的健康置於危險之中。

迷戀金錢有多種表現方式，特雷納只是體現出其中一部分。然而，有一條把所有這些情況貫穿起來的共同線索，在這一點，金錢作為美好生活的手段的價值消失了，金錢本身成了一種目的。

當它被置於愛情、信任、家庭、健康和個人幸福之前時，它總是傾向於腐爛。

習慣痴迷金錢的人，是非常可悲的人。因為錢再多，也不見得能夠幸福快樂，相反很可能將自己推向充滿痛苦的欲望深淵。所以聰明人善於取捨，於我有益者，不懈追求，如麥粒；不利身心者，縱然好得天花亂墜，也不為所動，毅然拒絕。這才是智慧。否則，盲目追求只會讓自己背上的包袱越來越沉重，喘不過氣來。而且金錢及物質財富何為多，何為少，很難有一個衡量的標準。清朝乾隆時期的宰相和珅曾擁有的財富折合白銀八億兩以上，可他還是不知足，整天提心吊膽，最後落得財產被抄、本人自戕的下場。

世人為了追求金錢、財富疲於奔命，甚至鋌而走險，其實錢財乃身外之物，生不帶來，死不帶去。這樣拚命地追求又有什麼意義呢？可是很少人能明白其中的道理，放下對金錢的痴迷吧！這樣你才能生活得更好。

7 瞧得起自己

自卑是成功的天敵。千萬不要看輕自己，應該真正地認識自己而不是否定自己，承認自己的重要性，有助於提升自信，這樣就可以漸漸地擺脫自卑的習慣，擁有全新的生活。

凱西長得不漂亮，眼睛不夠大，鼻子不夠挺，身材也乾巴巴的，走在人群中，她總擔心別人會嘲笑自己，漸漸地養成了自卑的習慣。不僅對自己的外形自卑，對自己的工作能力等各方面也感到自卑。她就這樣戰戰兢兢地活了二十五年，如果不是後來遇到了布魯克林夫人，她可能一輩子都將自卑下去。布魯克林夫人是她的同事，她是一個熱心開朗的中年女人。有一次兩人單獨喝下午茶時，布魯克林夫人突然對她說了一些讓她永生難忘的話。

「孩子，我注意到妳總是表現得畏畏縮縮，妳感到自卑嗎？其實每個人都自卑過，因為他們很清楚自己有多少缺點，不過後來都戰勝了它，他們知道只有這樣才能生活得更好。孩子，不要再自卑了，妳也是獨一無二的呀！大聲跟自己說：『我很好！』那妳就會過得越來越好。」

凱西牢牢地記住了布魯克林夫人的這番話，無論做什麼都盡量使自己更自信，漸漸的朋友們都誇她變漂亮了。當然，她在其他方面也做得更好了。

自卑使凱西畏縮不快樂，但戰勝了自卑的習慣之後，她獲得了新生，也開始一步步走向成功。可見自卑的習慣對人影響之大。生活中很多人也有這方面的問題，他們因為自卑而自暴自棄，自我貶低，在這種習慣的影響下，他們沒有勇氣，懈怠，甚至還有人因此自毀。

自卑的習慣是人生前進道路上的絆腳石，可以使一個人的活動積極性與能力大大降低。雖然偶爾短時間地滑入自卑狀態是正常現象，但長期處於自卑之中就是一場災難了。

自卑的根源是過分否定和低估自己，過分重視別人的意見，並將別人看得過於高大而把自己看得過於卑微。如果說別的消極情緒可以使一個人在前進的道路上暫時偏離目標或減緩成功速度，那麼一個長期處於自卑狀態的人，根本就不可能有成功的希望，甚至已有的成績也不能喚起他們的喜悅、興奮和信心，只是一味地沉浸在自己失敗的體驗裡不能自拔，對什麼也不感興趣，對什麼也沒有信心，自己不願走進人群，也拒絕別人接近，整個與豐富多彩的生活隔絕，與人群疏遠，自囚於孤獨的城堡裡。

有自卑習慣的人可能會很膽小，由於要避免可能使他感到難堪的一切，他就什麼也做不成；由於害怕別人認為自己無知，就忍不住去徵求別人的意見和建議；由於擔心受到拒絕，就不敢去找個好工作。由於這樣壓抑的結果，他在各方面都毫無進展，並且變得更加敏感。他日益敏感，再加上日益怯懦，他的精神狀態就日益低落。一個有自卑情結的人不能長時間把精力集中在任何事物上，只能集中在他本人身上，因而常常不能實現自己的願望。

有個人有很嚴重的自卑習慣，他認為自己全身上下到處都是缺點，他覺得自己注定就是一個失敗者。他總是習慣於貶低自己，「算了，我這麼胖還是別去參加合唱團，免得給同學丟臉！」「我真是個天生的笨蛋，連這麼點小事都辦不好！」

「不，我不去跳舞！沒有女孩會喜歡我的。孤零零地被晾在座位上更丟臉！」有一次，他所在的城市要舉辦一次校際演講比賽，大家都推舉他參加，因為他有渾厚的男中音，文筆流暢，演講稿一定會很出色。無奈之下，他答應了下來，但卻怕得要命，結果因為休息不夠，在比賽的前一天嗓子竟然變得嘶啞，這更讓他擔心了。上臺時，他不斷對自己說：「你完了！你根本不是演講的材料！別人會嘲笑你的，你要丟臉了。」結果這個可憐的人，站到臺上時竟然一句話也說不出來，大家真的對他失望透頂。

這個男孩被自卑的習慣控制住了，他不知道如果不是因為自卑，他本來可以做得更好的。

自卑的習慣帶來的惡果還不僅如此，許多人還因此走上自毀之路。

一九八三年，長沙某學院的一名男生在鐵軌上粉身碎骨。他來自偏遠山區的一個貧寒之家，父母含辛茹苦將他拉拔長大，他辜負了父母的期望。後來根據對其他同學的調查和他的日記發現，他會自殺只是源於自卑。因為他的身高不足一百六，雖然他身體健康，各項功能健全，但只是出於審美習慣的緣故，他覺得自己是社會的棄兒，活著沒意思。

很明顯，這位男生心態出了偏差，失去了理智，讓自卑占了上風。可見自卑確實是人生的殺手，可以把人帶到生命的盡頭，在不該結束生命的時候，將生命輕輕地拋了出去。它可以扼殺成功，扼殺幸福，扼殺快樂。

還有一個大學生由於來自貧困偏遠的山區，父母都是農夫，所以他的經濟來源比起同宿舍的五個人要差很多。別人過生日時請客吃飯、買衣服時都是高檔名牌，讓他產生一種不合群、低人一等的感覺，於是他拚命地想在學習上超過別人來彌補經濟上的窘迫。但是無論他怎樣努力，總是無法擺脫日常生活中無處不在的經濟壓力，於是他有了極度的自卑心理，這種自卑心理壓得他日益難以喘息，最後得了精神分裂症。

自卑的習慣是人生潛在的殺手，不論屬於哪一種表現形式，一旦發現自己錯了，都應當加以調節和根除。

自信是克服自卑最有力的武器，你覺得自己是什麼樣的人，就會成為什麼樣的人。你自卑，那麼你將一事無成；你自信，那麼你就會在人生的道路上實現你的價值。儘管蘇格蘭哲學家卡萊爾曾說過：「自卑和自我懷疑是人類最難征服的弱點。」但自卑的習慣並非不可消除，也並不可怕。

具有良好心理素質的人對自卑具有極強的自控能力，他們的成功都是建立在自信基礎上的。成功者的成功之處正是在於能夠克服自卑的習慣，超越自卑。一個人只要相信自己行，就一定行，因為自信能使你充分發揮自己的潛能，想辦法達到自己的目的。

8 坦然面對難題

逃避問題，會使人一蹶不振。當上帝關了這扇窗時，一定為你開啟另一道門。逃避不能解決問題，勇敢地去面對，絕處才有生機。

A君是某公司經理，一次，他的助手出了一個紕漏，給公司造成損失，六神無主的助手找到A君，表示要辭職。這時，A君給他講了一個藏在心裡已久的祕密：「八年前，我受雇於一家建築公司當業務員，由於我的勤勞能幹，大量欠款源源不斷地收回，公司頹敗的景象頗有改觀。老闆也很賞識我，幾次邀我到他家吃飯。就在這時，他唯一的女兒悄悄地愛上我，常常送一些精美的小玩意給我。我起初不敢接受，後來礙於情面只得收下。就這樣過了兩年，當有一天我告訴她我不能再給予她太多時，她一氣之下尋了短見。

「她的三個哥哥咆哮不止，揚言非要我償命不可。那時我手裡已有了為數不少的積蓄，很多人勸我一走了之。我沒有這樣做，心裡只有一個念頭：事因既然在我，我必須回去面對這一切。當我走進她家大門，一群人向我撲來，可是她的父親——我的老闆向其他人擺了擺手，走上來緊握著我的手，良久才緩緩說了這麼一句話：『一個女人願意為你獻身，說明你是一個不同凡響的人；你敢來面對這一切，說明你是一個有血有肉的人。』」

A君的話給了他的助手很大感觸，他決定留下來，接受董事會的裁決。結果，董事會認為他敢於面對問題，只扣了他兩個月獎金。

面對難題退縮是沒有用的，勇敢面對才是解決問題的最佳方法。當你勇敢面對問題時，你會發現再困難的事情也還沒到絕望的地步，稍稍轉個方向又是一片生機。

故事中A君明知老闆家等著他的是一場暴風雨，卻沒有因此一走了之，而是勇敢地去面對，這種精神值得我們每個人學習。生活中，當發生一些困難的事或令人痛苦的事時，很多人都習慣於逃避，然而事實就是事實，已經發生的不可能再改變。逃避、不敢面對其實就是在自我欺騙，這樣只會使人變得更痛苦。而且一旦逃避成了習慣，人就會變得消沉，不再進取，到頭來一事無成。

已故的布斯‧塔金頓總是說：「人生加之於我的任何事情，我都能面對，除了一樣，就是瞎眼。那是我永遠也無法忍受的。」

但是這種不幸偏偏降臨了，在他六十多歲，他發現自己看東西時，色彩整個是模糊的。他去找了一個眼科專家，證實了那不幸的事實：他的視力在減退，有一隻眼睛幾乎全瞎了，另一隻好不了多少。他最怕的事情終於發生了。

塔金頓對這種「無法忍受」的災難有什麼反應呢？他是不是覺得「這下完了，我這一輩子到這裡就完了」呢？沒有，他自己也沒有想到他還能非常開心，甚至於還能運用他的幽默。以前，浮動的黑影令他很難過，它們時時在他眼前遊過，遮擋他的視線，可是現在，當那些最大的黑影從他眼前晃過的時候，他卻會說：「嘿，黑影來了，不知道今天這麼好的天氣，它要到哪裡去。」

當塔金頓完全失明後，他說：「我發現自己是個能承受視力減弱的人，就像一個人能承受別的事情一樣。要是我五種感官全喪失了，我知道我還能夠繼續生存在我的思想裡，因為我們只有在思想裡才能夠看，只有在思想裡才能夠生活，無論我們是否知道這一點。」

塔金頓為了恢復視力，在一年之內接受了十二次手術，為他動手術的是當地的眼科醫生。他沒有害怕，他知道這都是必要的，他知道他沒有辦法逃避，所以唯一能減輕他痛苦的辦法，就是爽快地去接受它。他拒絕在醫院裡用私人病房，而住進大病房裡，和其他的病人在一起，他試著去使大家開心，而在他必須接受好幾次手術時——而且他很清楚地知道醫生在他眼睛動了些什麼手術——他總是盡力讓自己去想他是多麼的幸運。「多麼好啊，」他說，「多麼妙啊，現在技術已經發展到這種地步，能夠為像人的眼睛這麼纖細的東西動手術了。」

一般人如果經歷十二次以上的手術和不見天日的生活，恐怕都會發瘋發狂。可是塔金頓說：「我可不願意把這次經歷拿去換一些更開心的事情。」

這件事教會他面對不如意的事，就像他所說的：「瞎眼並不令人難過，難過的是你不能面對這個事實。」

我們在一生中，也常常遇到失敗，失敗就是這樣，你逃避它，它就拚命地追逐你，你面對它，它就會停下腳步。所以說，失敗並不可怕，不敢面對它才更可怕。

日本大企業家松下幸之助對此理念闡述得最透徹，他說：「跌倒了就要站起來，而且更要往前走。跌倒了站起來只是半個人，站起來後再往前走才是完整的人。」

日本三洋電機公司顧問後藤清一，曾在松下電器公司擔任廠長，當時松下幸之助就給他最好的教育機會。有一天，日本遭逢有史以來最狂暴的颱風，雖無人員傷亡，但工廠卻接近全毀。後藤心想：好不容易遷到新廠，正想要全力生產、再創高峰時，卻遭此打擊，老闆心理上一定很沮喪吧！

松下是在颱風即將停止之前趕到工廠的，此時不巧松下夫人亦身體不適而住院，他是探病後再趕來的。

「老闆，不好了，工廠遭逢巨變，損失慘重，我來當嚮導，請巡視工廠一趟吧！」

「不必了，不要緊，不要緊。」

「……？」（彼此無語）

老闆手中握著紙扇，仔細地端詳它，橫看、縱看，神情異常地冷靜。「不要緊，不要緊，失敗沒什麼了不起的，跌倒就應該爬起來。嬰兒若不跌倒就永遠學不會走路。孩子也是，跌倒了就應立即站起來，嚎哭是沒有用的，不是嗎？」

松下說完掉頭就走，對工廠的災難毫無驚恐之態，快速離去。

勝敗乃兵家常事，重要的是要敢於面對失敗，重整旗鼓，開闢人生另一個戰場。

習慣於逃避現實世界的人，永遠也無法成功。生命中總有各式各樣的挫折，只有勇敢面對，才能真正地享受生活。

9 珍惜你所擁有的

知足並不是故步自封，而是一種從容。勇於改變確實是積極上進的表現，但盲目的改變就是一種妄想，它只會給我們帶來痛苦。我們應當認清自己所處的現實，培養知足感恩的習慣，牢牢地把握住你所擁有的幸福。

小李常說自己是被大材小用了。他在公家機關上班，工作雖然穩定，但薪水卻沒有在一般公司上班得多。更重要的，他只是個小科員，不知道自己哪年才能獲得升遷。最後他選擇跳槽，他的朋友都勸他說：「你幹嘛跳槽？我們還羨慕你呢！工作穩定，吃喝不愁，哪像外面風雨飄搖！你呀，就知足吧！」

但小李卻聽不進朋友的勸告，辭職去了一家廣告公司上班，這回他才發現，在私人機構上班確實不易。每天早出晚歸，沒有清閒的時候，他開始強烈地懷念起在公家機關的工作來，可惜已經回不去了。後來小李大病一場。

小李就是因為太不珍惜自己所擁有的東西，才會落得後悔痛苦的下場。生活中，很多人總是坐這山望那山，彷彿別人的都比自己的好，他們不滿足自己所擁有的東西，結果把自己推入了痛苦的深淵。我們應該逐步培養自己知足感恩的習慣，這樣才能生活得更快樂。

有頭驢子，總是嫌牠的主人給牠的食物太少，卻讓牠幹過多的活，實在不公平，於是牠向上帝祈求改變現狀，另外換一個主人。上帝勸誡牠，這樣做以後會後悔的，但還是給牠換了新主人——一個燒瓦匠。在磚瓦場的勞動更加辛苦，驢子感到換主人後牠的負擔更重了，實在太累，於是又請上帝為牠換主人。上帝答應了，但告訴牠這是最後一次，於是把驢子送到皮匠那裡，驢子覺得牠的工作更加繁重了，懊悔地感嘆：「我寧可在第一個主人那裡餓死，在第二個主人那裡累死，也比現在強得多。要知道，我現在的主人，我活著時要給牠賣命，死了他還要剝我的皮，太悲慘了。」

由於不知足，這頭驢子一步步陷入痛苦的深淵。在牠不滿第三個主人時，很可能會落入第四個痛苦，牠只能在不知足的習慣驅使下過著痛苦的一生。

還有這樣一個故事：

從前，印度有個國王名叫察微。有一次，在空閒的日子裡，察微王穿著粗布衣服去巡視民情。他看到一個老頭正在愁眉苦臉地補鞋，就開玩笑地問他說：「天下的人，你認為誰是最快樂的？」

老頭兒不假思索地回答：「當然是國王最快樂了，難道是我這老頭兒呀？」

察微王問：「他怎麼快樂呢？」

老頭兒回答道：「百官尊奉，萬民貢獻，想要做什麼就能做什麼，當然快樂了。哪像我整天要為別人補鞋子這麼辛苦。」

於是，隨後他便請老頭兒喝葡萄酒，老頭兒醉得毫無知覺。察微王讓人把他扛進宮中，對王后說：「這個補鞋的老頭兒說做國王最快樂，我今天和他開個玩笑，讓他穿上國王的衣服，聽理政事，你們配合點。」

王后說：「好。」

老頭兒酒醒過來，伺候的宮女假意上前說道：「因為大王醉酒，各種事情積壓許多，應該去辦事的地方了。」

眾人把老頭兒帶到百官面前，宰相催促他處理政事，他懵懵懂懂，東西不分。史官記下他的過失，大臣又提出意見。他整日坐著，身體瘦痛，連吃飯都覺得沒味道，也就一天天瘦了下來。

宮女假意地問道：「大王為什麼不高興呀？」

老頭兒回答道：「我夢見我是一個補鞋的老頭兒，辛辛苦苦，想賺碗飯吃也很艱難，因此心中發愁。」

眾人莫不暗暗好笑。夜裡老頭兒翻來覆去睡不著覺，說道：「我究竟是一個補鞋的老頭呢？還是一個真正的國王？要真是國王，皮膚怎麼這麼粗？要是個補鞋的老頭又怎麼會在王宮裡？」

王后假意說道：「大王的心情不愉快。」便吩咐僕人獻舞，讓老頭兒喝葡萄酒。

老頭兒又醉得不省人事。大家給他穿上原來的衣服，把他送回原來的破床上。老頭兒酒醒過來，看見自己的破爛屋子，還有身上的破舊衣服，都和原來一樣，全身關節疼痛，好像挨了打似的。

幾天之後，察微王又去看老頭兒。老頭兒說：「上次喝了你的酒，就醉得不曉人事，到現在才醒過來。我夢見我做了國王，和大臣們一起商議政事。史官記下了我的過失，大臣們又批評我，我心裡真是驚惶憂慮，全身關節疼痛，比挨了打還厲害。做夢都如此，不知道真正做了國王會怎麼樣？我上次說錯了。」

因而佛祖說：「莫羨王孫樂，王孫苦難言；安貧以守道，知足即是福。」

故事中補鞋的老頭兒羨慕國王的生活，以為錦衣玉食、萬民朝拜就是一種快樂，豈不知國王也有國王的苦惱，補鞋也有補鞋的樂趣。

其實布衣粗飯，也可樂享終身。人生在世，貴在懂得知足常樂。知足常樂，就是要有一顆豁達開朗平淡的心，在繽紛多變、物欲橫流的生活中，拒絕各種誘惑，心境變得恬適，生活自然就愉悅了。而人之所以有煩惱，就在於不知足，整天在欲望的驅使下，忙忙碌碌地為著自己所謂的「幸福」追逐、焦慮、勾心鬥角……

所以，我們要養成知足常樂的習慣，好好珍惜自己所擁有的東西。人生最大的痛苦不是「得不到」和「已失去」，而是不能體會自己身邊的幸福，眼睛總是盯著別處看。